AF404321

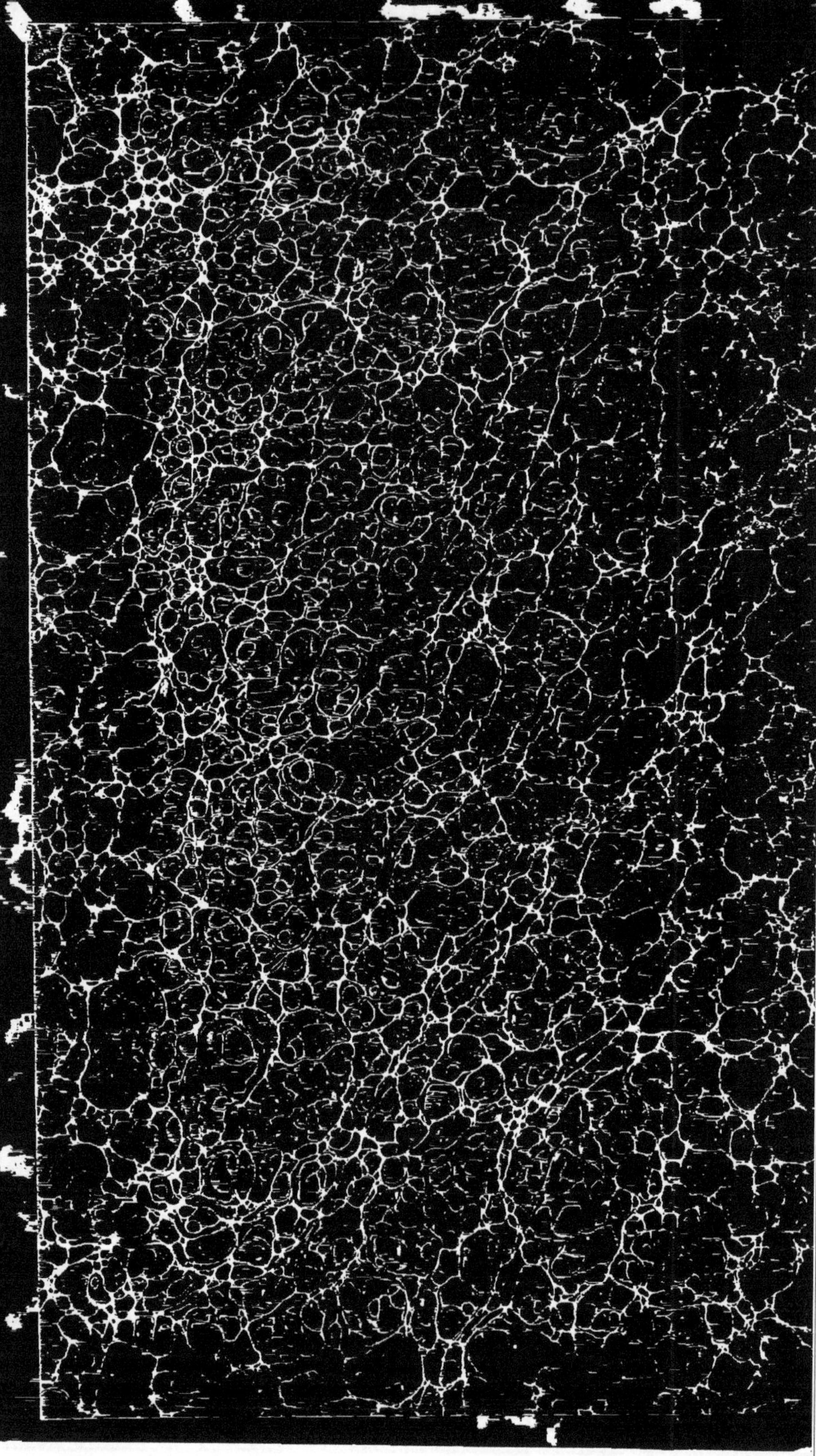

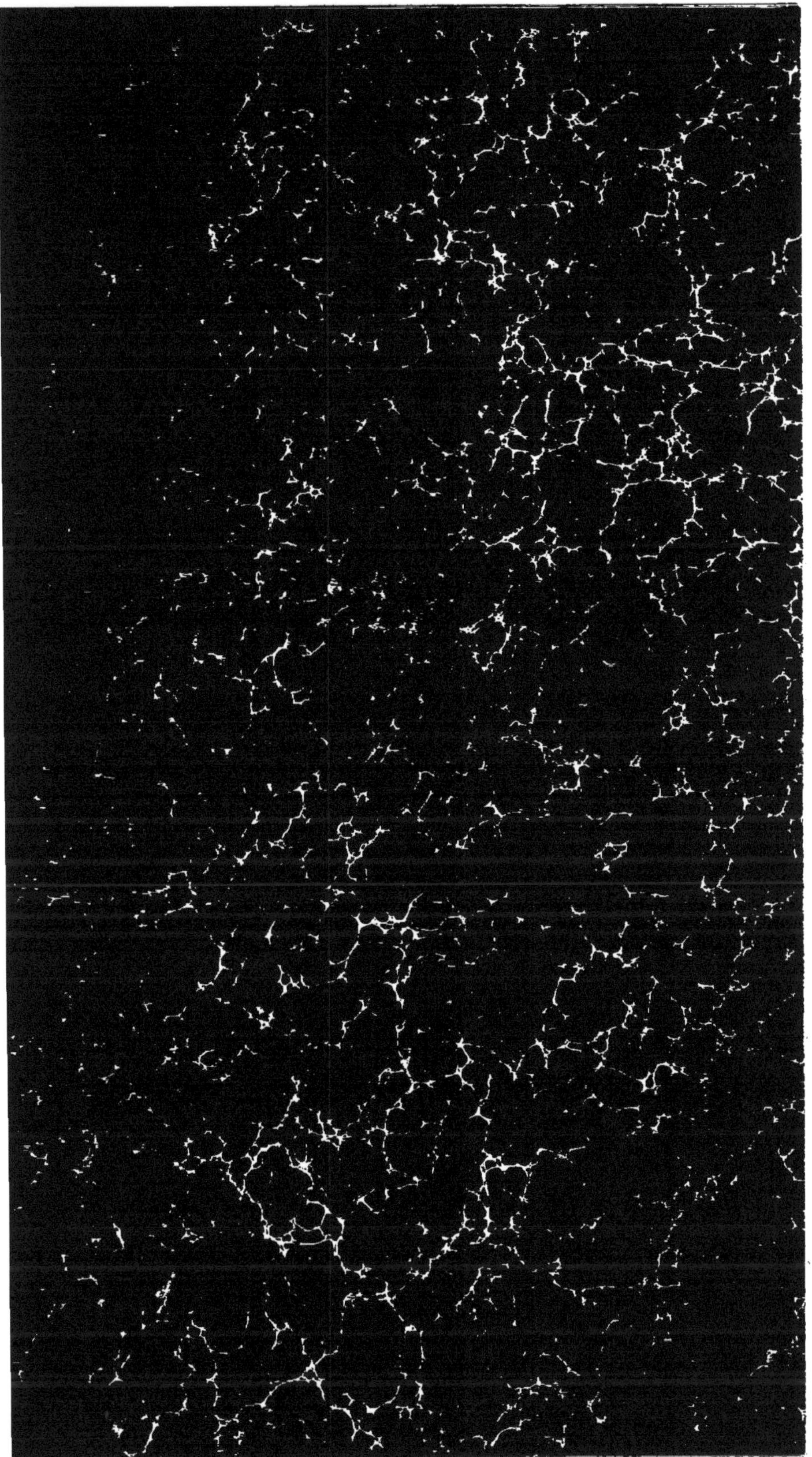

PRÉCIS HISTORIQUE

DES OPÉRATIONS MILITAIRES

DE L'ARMÉE D'ITALIE,

EN 1813 ET 1814.

DE L'IMPRIMERIE DE DOUBLET.

PRÉCIS HISTORIQUE

DES OPÉRATIONS MILITAIRES

DE L'ARMÉE D'ITALIE,

EN 1813 ET 1814,

Par le Chef de l'Etat-Major-général
de cette Armée.

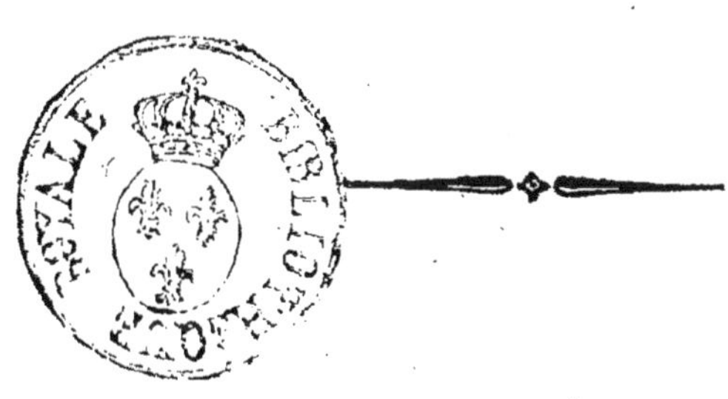

A PARIS,

Chez BARROIS l'aîné, Libraire, rue
de Savoye, n.º 13.

1817.

AVERTISSEMENT.

En publiant ce Précis historique, mon but est de faire rendre justice à un très-grand nombre de braves militaires qui ont eu une part plus ou moins honorable aux avantages remportés sur les armées Autrichiennes et Napolitaines par l'armée d'Italie, en 1813 et 1814; de faire connaître en détail tous les obstacles que cette armée avait eu à vaincre, et de fournir des matériaux essentiels aux historiens qui seront appelés, par leur génie, à la noble mission de transmettre à la postérité le récit exact des glorieuses campagnes des armées Françaises, pendant les vingt-cinq années qui viennent de s'écouler. Ils trouveront dans cet ouvrage tous les faits exposés avec impartialité, tels qu'ils se sont passés, en grande partie, sous mes yeux. Leur relation est le résultat des rapports officiels des généraux et des chefs de corps, comparés avec les instructions générales et particulières du général en chef, avec l'expression de sa pensée sur chacune des opérations, les ordres de mouvement, les ordres du jour, la correspondance intime ou officielle, enfin avec tous les élémens qui doivent composer un semblable travail, et qui ne peuvent être à la disposition que des états-majors-généraux.

Comme on peut suivre ces opérations militaires sur plusieurs bonnes cartes d'Italie, notamment sur celle du général Bacler-d'Albe, et sur la carte dite *Administrative*, on ne trouvera ici que le plan de la bataille du Mincio, livrée le 8 février 1814, la seule qui puisse être qualifiée de ce nom dans cette campagne, puisque c'est la seule affaire où les deux armées se soient trouvées réunies en présence l'une de l'autre.

Nous appellerons *Combats* tous les autres faits-d'armes qui n'en ont pas moins illustré le dévouement, la constance et l'intrépidité des divers corps qui y ont pris part, et dont nous nous sommes fait un devoir de conserver les noms, comme un hommage rendu par un témoin oculaire à la bravoûre, à la vérité et à la gloire nationale.

Il est nécessaire de faire remarquer que l'on a dû conserver les qualifications, titres, etc. sous lesquels étaient désignés, à l'époque des événemens qui sont rapportés dans ce Précis, les divers personnages qui y figurent. Sans cette précaution, il eût été souvent difficile de se faire entendre du lecteur, et l'on aurait donné au récit de certains faits, une couleur différente de celle qui les distingue.

PRÉCIS HISTORIQUE

DES OPÉRATIONS MILITAIRES

DE L'ARMÉE D'ITALIE.

INTRODUCTION.

Les désastres de la campagne de 1812, avaient ramené le théâtre de la guerre en Allemagne. Les débris de la grande armée, détruite par la rigueur de la saison et par les privations de tout genre qu'elle avait éprouvées pendant une retraite de 400 lieues, n'avaient pu se réunir que derrière l'Oder, et au sein de la Prusse, qui déjà se débarrassait du masque d'une amitié perfide. Quoique le récit, et même, pour ainsi dire, le souvenir de ces événemens, n'appartienne pas directement au plan de ce mémoire, il n'en est pas moins nécessaire de les remettre sous les yeux du lecteur; car les conséquences immédiates qui en furent le résultat, eurent une influence bien plus directe, qu'on ne pourrait peut-être le penser, sur la défense de l'Italie.

En 1812, la formation du 1er. corps d'observation d'Italie (ou 4e. de la grande armée)

avait à-peu-près épuisé le cadre des corps
français et italiens qui se trouvaient dans ce
royaume. Il n'y était resté qu'un bien petit
nombre de bataillons de guerre, et les régimens qui étaient partis pour la Russie, de
même que les corps italiens qui étaient en Espagne, n'avaient laissé que des dépôts affai-
blis, et des malades qui n'avaient pu être ré-
tablis avant l'automne. Cependant le dénue-
ment absolu et la faiblesse numérique du sque-
lette d'armée qui avait repassé l'Oder, exi-
geaient des mesures promptes et un appui im-
médiat. Envain le Prince Vice-Roi d'Italie
avait-il essayé de soutenir l'effort combiné des
Russes qui s'étaient remis en marche, et des
Prussiens armés en masse, par la haine et la
fureur de l'orgueil humilié; il lui avait encore
fallu céder au torrent. Les plus grands talens
stratégiques n'offrent point de ressources assez
efficaces pour couvrir l'énorme disproportion
du nombre. C'est ainsi qu'on vit sur le sol na-
tal des Scipion et des César, les trophées de
Bélisaire et de Narsés arrachés des murs de
Ravenne et du tombeau de Totila, par les
Lombards; et les légions victorieuses de l'empire romain écrasées par la masse des ennemis
qu'elles avaient cent fois vaincus.

Pendant l'hiver de 1812, un second corps

d'observation fut organisé en Italie, et en partit au commencement de 1813, sous les ordres du général comte Grenier, pour se rendre sur les bords de l'Elbe. Afin de completer cette petite armée, on prit non-seulement les bataillons de guerre, restés pendant la campagne de 1812, mais on fit encore marcher un nombre de bataillons, de nouvelle formation, des régimens qui avaient été en Russie. La plus grande partie des malades sortis des hôpitaux, et un bon nombre, de vieux soldats des dépôts partirent avec le général Grenier. Plus tard, un troisième corps d'observation d'Italie fut organisé, sous les ordres du général comte Bertrand. La formation de ce corps dont la grande masse n'était elle-même composée que de conscrits réunis et disciplinés pendant le courant de l'année, acheva d'enlever tous les vieux militaires qui se trouvaient encore dans les dépôts des différens régimens. Non-seulement on fut obligé de faire marcher tout ce qui était en état de se battre dans la ligne ordinaire des combattans, mais on y ajouta encore les instructeurs, les ouvriers, enfin tout ce qui paraissait pouvoir rendre un service actif. Ainsi, après le départ de ce corps d'armée, les garnisons d'Italie se trouvèrent absolument dégarnies de troupes, et les états

de situation ne furent, pour ainsi dire, com-
posés que des numéros des régimens que re-
présentaient les quartiers-maîtres et un petit
nombre d'éclopés. La conscription prochaine
devait recomposer ces élémens imperceptibles
d'une armée jadis florissante ; mais cette conscription, bien loin de pouvoir l'enchasser dans
un cadre déjà formé, devait s'organiser sur
elle-même ; au lieu de se ranger sous la conduite de guides expérimentés et capables de
former, à leurs exemples, de jeunes élèves
aussi remplis de zèle que privés d'expérience,
cette conscription devait chercher en elle-
même ses guides et ses instructeurs. Il est vrai
que dès Moscou, l'empereur Napoléon, en ré-
duisant le nombre des bataillons de son armée,
avait renvoyé en France et en Italie les cadres
des bataillons supprimés. Mais cette mesure
tardive n'avait été d'aucune utilité. Les pré-
cieux élémens des nouvelles légions que contenaient ces cadres, avaient péri victimes du
même fléau qui avait accablé l'armée ; le petit
nombre échappé aux rigueurs de la saison et
de la famine, se trouvait renfermé dans les
places de guerre, que la défection des Prussiens avait mises en état de siége. Les débris
des cadres du 4ᵉ. corps étaient dans Glogau.

Cependant le besoin de troupes augmentait

en Allemagne, et les ordres, pour la formation de plusieurs armées de réserve, furent multipliés, tant en France qu'en Italie. Dans ce dernier royaume, surtout, la conscription seule pouvait remplir les cadres qui avaient été tracés sur le papier. Il est vrai que la situation tranquille où paraissait se trouver l'Italie, par la continuation de l'alliance avec l'Autriche, pouvait donner le temps nécessaire pour completer cette formation. On y comptait alors avec une espèce de certitude, et la preuve de cette confiance se trouve encore dans la disposition que prit l'empereur Napoléon, pendant la durée de l'armistice d'Allemagne, de retirer à lui la moitié de l'armée qui devait être formée en Italie.

Les ordres qui avaient été donnés pour la formation d'un nouveau corps en Italie, après le départ de celui du général Bertrand, étaient pressans, et ne laissaient aucun doute sur la promptitude avec laquelle l'Empereur en exigeait l'exécution. Mais les moyens manquaient absolument pour remplir le cadre prescrit par le décret impérial. La plupart des corps qui devaient composer l'armée ne comptaient pas plus de 20 *individus* de tout grade, présens sous les armes, appartenants aux régimens détruits en Russie ; d'autres étaient des régimens provisoires qui devaient venir de France, et dont la formation était à peine ordonnée : on y voyait figurer des régimens Croates qu'on ne pouvait pas tirer de leur pays, et des Napolitains, qui ne devaient plus servir que contre la France. Aussi les 70 bataillons et les 24 escadrons qui devaient composer le 5ᵉ. corps, formé en Italie, ne parurent-ils que sur le papier.

Lorsque le Prince Vice-Roi fut de retour en Italie, le premier soin de S. A. I. fut de hâter, autant que possible, la formation d'une armée que les intentions douteuses de l'Autriche rendait d'instant en instant plus nécessaire. L'Empereur devait donner au Prince Vice-Roi la plus grande latitude, et les plus grandes facilités; il accorda l'un et l'autre. Le Prince se vit maître d'organiser, d'après les résultats existans ou possibles, l'armée qu'il devait commander; pour en hâter la formation, on lui assigna la conscription des départemens les plus voisins du royaume d'Italie : c'est-à-dire, des provinces italiennes incorporées à l'empire français et d'un petit nombre de départemens situés à l'Ouest et au pied des Alpes. Cette dernière disposition que la nécessité seule pouvait dicter et justifier, eut, il est vrai, l'effet direct qui en avait été le motif. Le recrutement fut beaucoup plus prompt qu'il ne l'aurait été en le prenant sur le sol plus éloigné de l'ancienne France. Mais les événemens qui se développèrent plus tard, donnèrent à cette mesure des conséquences qu'il était peut-être difficile de prévoir alors, et qui tendirent à anéantir tout-à-fait l'espérance des secours que la France pouvait tirer, pour sa défense intérieure, de l'armée d'Italie, devenue, presque entièrement, italienne. A l'époque où il aurait peut-être fallu que cette armée repassât les Alpes, les intérêts nationaux, s'ils n'avaient pas changé, s'étaient au moins partagés. L'homme trouve sa véritable patrie sur la terre qui l'a vu naître et qui couvre les tombeaux de ses ancêtres; les Romains, les Toscans, les Piémontais, en repassant les Alpes, abandonnaient la leur pour défendre une terre étrangère. La suite de ces mémoires fournira la preuve de ce que l'on vient d'avancer.

La conscription d'Italie se réunissait avec activité; celle des départemens français d'Italie arrivait, et dans l'intervalle qui s'écoula entre le retour du Prince Vice-Roi et les premières hostilités des Autrichiens, les cadres commencèrent à se remplir. Mais il manquait des officiers, des sous-officiers et des armes, les dépôts et les magasins des corps étaient épuisés; ceux de l'état ne pouvaient suffire à l'armement absolu d'une armée qu'on avait portée sur le papier à 80 mille hommes, et qui devait être de 50 mille. Il est vrai que, d'après les ordres de l'Empereur, il devait arriver d'Espagne, en poste, 300 officiers ou sous-officiers; que le Prince Vice-Roi avait été autorisé à puiser des armes dans différens arsenaux, même jusqu'à Barcelonne. Mais il fallait le temps matériel pour que l'un et l'autre put arriver, et pendant ce temps le cadre des régimens s'augmentait en soldats. Le Prince Vice-Roi se tira de la position critique où il se trouvait, par une activité extraordinaire et infatigable, qui lui fit multiplier, pour ainsi dire, les faibles moyens qui lui avaient été donnés, et se créér des ressources, là où les efforts du génie paraissaient devoir échouer. L'habillement fut poussé avec toute la promptitude possible, et réduit au strict nécessaire; l'armement composé de tous les élémens qu'on avait pu réunir ou réparer, fut fourni aux différens corps; les conscrits furent exercés avec une persévérance toujours soutenue, et fournirent parmi eux la plus grande partie des sous-officiers qui les guidèrent et les commandèrent devant l'ennemi.

Lorsque l'armée entra en campagne, on vît des recrues, la plupart en veste et en bonnet de police, conduits par d'autres recrues, portant leurs cartouches dans leurs poches, combattre vaillamment et soutenir la réputation des corps auxquels ils appartenaient et dont ils n'avaient reçu en héritage que le nom seul.

La tournure que prenaient les négociations avec les puissances alliées annonçait dès le mois de juillet une nouvelle guerre, dans laquelle l'Autriche paraissait devoir figurer. La formation de l'armée d'Italie, que l'Empereur avait voulu hâter pour tâcher de retenir le cabinet de Vienne dans son alliance, tout en avançant, plus même qu'il n'aurait paru possible à un témoin oculaire, était encore au-dessous du complet des cadres présens. Elle était encore bien plus au-dessous de la force qu'on avait voulu lui donner, portée sur le papier à 94 bataillons et 20 escadrons. Il importait à la politique de l'Empereur de chercher à inquiéter l'Autriche par la menace d'une puissante armée aux frontières orientales de l'Italie, et de chercher par là à la retenir dans ses intérêts. Quelque désavantageux qu'il dût être pour l'armée et la réputation de son chef, de voir accréditer une hypothèse, qui donnait à ce dernier plus du double des forces dont il pouvait réellement disposer, l'intérêt politique l'emporta. L'armée d'Italie figura aux yeux du public sous un cadre factice, et qui prêtait d'autant plus à l'illusion qu'on y voyait paraître les numéros des mêmes vieux régimens qu'on avait vu combattre en Russie.

Le prélude des hostilités de l'Autriche fut l'insurrection de l'Illyrie. Le Prince se hâta de s'y porter avec son armée, telle qu'elle se trouvait alors. Bientôt l'Autriche entra en lice. Le résultat des premiers mois d'une campagne toute stratégique, fera aisément juger au lecteur, que sans la révolution politique de l'Allemagne, le Prince Vice-Roi aurait pu maintenir ses positions assez long-temps, pour organiser complètement son armée et défendre avec succès les frontières orientales du royaume. Mais la neutralité tacite de la Bavière permit à l'Autriche d'envahir une partie du Tyrol; l'alliance qui suivit de près entre ces deux puissances, menaça ensuite le cœur du royaume; enfin la défection du Roi de Naples enleva les provinces de la droite du Pô, et porta son armée presque sur les derrières de celle d'Italie. Ces différentes circonstances forcèrent successivement cette dernière à se replier derrière l'*Isonza*, l'*Adige* et le *Mincio*. Le Prince Vice-Roi la maintint cependant inébranlablement dans cette dernière position, et il y était encore vainqueur, lorsque l'ennemi avait déjà pénétré de toute part au sein de la France. Enfin les événemens de Paris mîrent fin à une lutte aussi glorieuse qu'inégale ; l'armée d'Italie posa à la paix des armes victorieuses, et le royaume de ce nom cessa d'exister.

CAMPAGNE DE 1813.

Après le départ du 3°. corps d'observation pour l'Allemagne, qui, sous les ordres du général Bertrand, prit part à la bataille de Lutzen et à quelques autres actions glorieuses de cette campagne, l'Italie se trouva dégarnie de troupes, les dépôts qui y étaient restés, et qui portaient en masse le nom d'armée, ne pouvaient ni en recevoir l'organisation ni en faire le service. Leur faiblesse était telle qu'en vain aurait-on voulu, en les réunissant, former un petit nombre de bataillons actifs. Cet état de choses dura jusqu'au mois de mai 1813.

Dès le commencement de cette année, l'empereur Napoléon avait pris les mesures les plus promptes et les plus énergiques pour réparer

Mai 1813.

l'effet des désastres de la campagues précédente. La conscription se levait partout avec activité ; différentes troupes sédentaires y furent jointes ; les corps constitués de France et d'Italie y ajoutèrent des levées volontaires; mais la plus grande partie de ces renforts joignit l'armée d'Allemagne. Ce ne fut qu'au mois d'avril que l'Empereur s'occupa de l'armée d'Italie. Un décret du 18 de ce mois prescrivit la formation d'un corps d'observation de l'Adige, dont l'organisation fut confiée au général Vignolle, qui, pendant que le Prince Vice-Roi était à la grande-armée, commandait les troupes stationnées dans le royaume d'Italie. Le cadre de cette armée fut porté à quatre divisions; savoir : trois d'infanterie française, sous les numéros 46, 47 et 48, une italienne, portant le numéro 49, chacune de 16 bataillons, et une division de cavalerie de 18 escadrons. Le Roi de Naples devait fournir 6 bataillons et 6 escadrons à ce çadre, qui comportait un total de 40,951 hommes d'infanterie et 4,532 de cavalerie.

Mais nous avons déjà vu plus haut que la conscription seule pouvait remplir un cadre dont la base même n'existait pas. Les seuls dépôts des régimens qui devaient le composer se trouvaient la plupart dans le royaume d'Italie, ou dans l'Italie devenue française. Les conscrits étaient annoncés et commençaient à peine à se mettre en marche : aussi cette armée n'exista-t-elle que sur le papier. On n'a fait mention de cette organisation, ainsi que de celles qui suivirent jusqu'au moment où il fallut entrer réellement en campagne, que pour mettre le lecteur à même de juger des modifications que la tournure des affaires d'Allemagne obligeait l'empereur Napoléon à faire dans ses projets.

A peine le décret impérial qui prescrivait la formation du corps d'observation de l'Adige était-il arrivé en Italie, que le lieutenant-général comte Grenier fut envoyé pour en prendre le commandement en chef. Les mesures qu'on avait pu prendre jusqu'alors se réduisaient au préparatif des cadres, et ce travail continua pendant le peu de jours où le général Grenier resta investi de son commandement. Le 18 mai le Prince Vice-Roi arriva lui-même à Milan ; il réunissait au commandement en chef des troupes qui devaient s'organiser en Italie, le pouvoir et les attributions de magistrat supérieur de ce royaume. Revêtu de tous les pouvoirs de cette double attribution, et de ceux que l'Empereur avait du lui donner dans une conjoncture aussi pressante,

le Prince les employa à hâter la formation
de l'armée qu'il devait commander. Le but
apparent de cet armement éloigné du théâtre de la guerre, était d'intimider l'Autriche
par la menace d'une diversion. Il était bien
possible que l'empereur Napoléon considérât,
dans le moment présent, ce but comme principal et peut-être unique. Mais, quoiqu'il en
soit, la prudence défendait d'écarter tout-à-fait
la probabilité d'une guerre avec l'Autriche,
et de s'endormir sur ce danger, qui chaque
jour devenait plus réel. Aussi, tout en laissant
marcher publiquement la formation numérique et idéale des cadres que prescrivirent successivement les décrets impériaux, le Prince
Vice-Roi s'occupa particulièrement de l'organisation solide d'un noyau d'armée, qui put
se trouver prêt à repousser la première invasion.

La première mesure que prit le Prince, fut
de centraliser la formation du corps d'observation de l'Adige et d'établir les points de réunion dans un cercle assez rapproché, pour pouvoir, à chaque instant, tirer parti de tout ce
qui serait en état de combattre. La 46e. division, placée en première ligne, dut s'organiser à Padoue, Trévise et Bassano; la 47e. division, en seconde ligne, à Vicence, Vé-

ronne et Roveredo ; la 48ᵉ., en troisième ligne,
à Mantoue, Bozzolo et Montechiaro ; la 49ᵉ.,
en quatrième ligne, à Brescia ; la cavalerie, à
Crémone, Valeggio et Castiglione delle Sti-
vière.

Dès les premiers jours du mois de juin, le
Prince Vice-Roi reçut l'avis que douze nouveaux bataillons devaient joindre son armée.
Cette circonstance et le but politique de la
réunion de l'armée d'Italie engagèrent S. A. I.
à la porter à cinq divisions, et à rapprocher
les corps qui les composaient des frontières
orientales du royaume. La 48ᵉ. division qui
devait être de quinze bataillons fut placée à
Udine, Cividale et Gemona ; la 46ᵉ. également
de quinze bataillons, entre Trévise, Bassano
Pordenone : ces deux divisions formèrent la
deuxième lieutenance. La première lieutenance comprenait la 47ᵉ. division de quinze
bataillons, placés à Vérone et Vicence ; et la
49ᵉ. de seize bataillons, à Padoue et Venise.
Une division de réserve de quinze bataillons
devait se former à Montechiaro. La cavalerie
au nombre de dix-huit escadrons entre Castiglione, Mantoue et Vérone. Les six bataillons
de la garde royale italienne devaient former
la réserve du quartier-général à Brescia. Telle
fut la force et la position que les états de situa-

Juin 1813.

tion donnèrent à l'armée d'Italie pendant le mois de juin. Mais ce cadre n'était qu'illusoire et bien au-dessus de la force réelle de l'armée. Il comprenait encore, outre les troupes Napolitaines et Croates, plusieurs régimens qui n'étaient qu'annoncés et qu'on avait donné l'ordre d'y porter. Il aurait donc fallu ôter plus de vingt bataillons du cadre numérique. Quant à ceux qui étaient réellement présens, non-seulement ils étaient beaucoup au-dessous du complet, mais tous les hommes n'en étaient pas encore armés et instruits.

Juillet 1813.   Dès les premiers jours de ce mois, le Prince Vice-Roi reçut un décret impérial, daté de Dresde, du 18 juin, qui augmentait encore de douze bataillons le cadre de l'armée d'observation d'Italie, et portait le nombre des divisions à sept, c'est-à-dire, quatre divisions françaises de chacune quatorze bataillons, deux italiennes, de chacune douze bataillons, et une de réserve de quatorze bataillons. La division de cavalerie devait avoir vingt escadrons. A cette époque, il pouvait peut-être paraître probable que l'Autriche ne se détacherait pas de l'alliance de la France. L'Empereur avait décidé, dans ce cas, que le lieutenant général Grenier passerait à la grande armée en Allemagne, avec quarante-deux bataillons et huit es-

cadrons

cadrons; mais il fallait pour que cette disposition put avoir lieu, que le cadre total se
trouvat complet; or, il en était fort éloigné ,
car il manquait numériquement vingt-deux bataillons et huit escadrons, y compris les 8 bataillons et les 4 escadrons que le Roi de Naples
devait fournir. Cependant la tournure que
prenaient les négociations, sur tout avéc l'Autriche , ne laissant plus de doutes de la reprise prochaine des hostilités et d'une attaque
sur l'Italie, le Prince Vice-Roi se vit dans la
nécessité , dès le 15 juillet, non-seulement de
mettre en exécution le décret impérial qui prescrivait la formation de sept divisions d'infanterie , mais de s'approcher avec son armée des
frontières de l'Autriche. Il n'avait que soixante-
douze bataillons incomplets , soit présents en
Italie , soit en route pour s'y rendre , dont il
put disposer ; la cavalerie sur laquelle il pouvait compter ne se portait qu'à douze escadrons. Il répartit ce cadre en trois lieutenances
et une réserve, et leur attribua les généraux
qui devaient les commander. Voici le tableau
de cette formation, telle qu'elle fut établie sur
la situation de l'État-Major.

ÉTAT-MAJOR GÉNÉRAL.

PREMIERE ORGANISATION.

S A. I. LE PRINCE VICE-ROI D'ITALIE, général en chef.

Aides - de - Camp.

Le général de division Cte DANTHOUARD ;
Le général de brigade Bon TRIAIRE ;
Le général de brigade Bon GIFFLENGA ;
Le colonel Bon BATAILLE ;
Le chef d'escadron TASCHER DE LA PAGERIE ;
Le chef d'escadron MÉJEAN.

Le général de division Cte VIGNOLLE, chef de l'état-major général.

Le général de division Bon S.-LAURENT, commandant l'artillerie.

Le major d'artillerie RAVICHIO, chef de l'état-major de cette arme.

Le colonel MOYDIER, commandant le génie.

Le capitaine du génie PHILIBERT, F. F. de chef d'état-major.

Le commissaire-ordonnateur REGNAULT, ordonnateur en chef.

Le sous-inspecteur chevalier PRADEL DE St.-CHARLES, F. F. d'inspecteur aux revues.

Le chef d'escadron de gendarmerie FAVIER DUMOULIN, prévôt.

Le chef de bataillon DUPLAN, adjoint à l'état-major.

Le capitaine MÉNARD, aide-de-camp du chef de l'état-major général.

Le capitaine FOURN, adjoint à l'état-major général.

Le capitaine CACCIA, adjoint à l'état-major.

Le capitaine PONTHEAUX, adjoint à l'état-major.

Le lieutenant MAESTROVICH, attaché à l'état-major.

Le commissaire des guerres FOURCADE, au quartier-général.

Le médecin GUILLAUME, médecin principal, *idem.*

Le chirugien principal MOCQUOT, *idem.*

ÉTAT présentant la composition des *Lieutenances* (1).

1re Lieutenance, le lieutenant-général Cte GRENJER, commandant, ayant pour chef d'état-major l'adjudant-commandant BAZIN DE FONTENELLE.

1re Division, le général Bon QUESNEL, ayant pour chef d'état-major, l'adjudant-commandant DUPIN.

Position. . . . . . . Vérone et Vicence. . { 84e de ligne. . 4 batail. / 92e id. 4 id. / 30e 1/2 brig. p^{re}. 4 id.

Force, 7,777 hommes, et 18 bouches à feu, dont 4 régimentaires.

3e Division, le général Bon GRATIEN, le chef d'escadron CASTEL-LABOLBENE, F. F. de chef d'état-major.

Position. . . . . . . { Vicence, Bassano et Castel-Franco . . { 35e léger . . . 2 batail. / 36e id. . . . 2 id. / 42e de ligne. . 2 id. / 102e id. . . . 2 id. / 31e 1/2 brig. p^{re}. 3 id.

Force, 8,200 hommes, et 16 bouches à feu.

2e Lieutenance (vacante).

2e Division, le général Cte VERDIER.

Position. . . . . . . Trévise et Pordenone { 9e de ligne. . 4 batail. / 35e id. . . . 4 id. / 28 1/2 brig. p^{re}. 3 id.

Force, 7,486 hommes, et 18 bouches à feu, dont 4 régimentaires.

4e Division, le général Bon MARCOGNET.

Position. . . . . . . Udine et Palmanova. { 53e de ligne. . 4 batail. / 106e id. . . 4 id. / 29e 1/2 brig. p^{re}. 3 id.

Force, 7,189 hommes, et 20 bouches à feu, dont 4 régimentaires.

---

(1) La majeure partie des généraux de brigade annoncés par le ministre de la guerre, n'était point encore arrivée à l'armée, et c'est le motif pour lequel les officiers généraux de ce grade ne sont pas portés sur cette situation.

5ᵉ Lieutenance, le général de division Cᵗᵉ PINO, commandant, ayant pour chef d'état-major le colonel PAOLUCCI.

5ᵉ Division, le général Cᵗᵉ PALOMBINI, ayant pour chef d'état-major, le colonel CASELLA.

Position . . . . Padoue et Mestre . {
2ᵉ léger Italien. 1 batail.
1ᵉʳ de ligne id. 1 id.
2ᵉ   id. 4 id.
3ᵉ   id. 4 id.
Rég. Dalmate . 2 id.

Force, 9,562 hommes, et 16 bouches à feu, dont deux régimentaires.

6ᵉ Division, le général de brigade Bᵒⁿ LECHI, ayant pour chef d'état-major le chef de bataillon BADALASSI.

Position . . . . { 1ʳᵉ brig., à Brescia. { 2ᵉ id. à Fiume et Trieste . . . . . . {
Vélites royaux. 1 batail.
Chasseurs à pied (garde) . . . 4 id.
Infanterie id. . 1 id.
3ᵉ léger Italien. 4 id.
4ᵉ   id.   2 id.

Force, 7,891 hommes, et 16 bouches à feu.

RÉSERVE.

Le général de division Bᵒⁿ BONFANTI, le chef de bataillon BACARINI, F. F. de chef de l'état-major.

Position . . . . Montechiaro . . . . {
Batail. d'élite du 1ᵉʳ étranger . 2 batail.
id. du 2ᵉ . . . 1 id.

Force, 2,469 hommes.

CAVALERIE.

Le général de division Bᵒⁿ MERMET, commandant.
Chef-d'état-major (vacante.)

Position . . . . { Crémone, Lodi et Brescia . . . . . {
3ᵉ chas. Italien. 4 escad.
4ᵉ   id.   2 id.
Drag. de la Reine 4 id.
19ᵉ chas. Franç. 2 id.

Force, 1,800 hommes.
Artillerie, 12 pièces de 12, et 4 obusiers.
Grand parc, 6 pièces de 6, et 2 obusiers.

L'état de situation, tel qu'on vient de le voir ci-dessus, présente donc une force de 50,574 hommes d'infanterie et de 1,800 de cavalerie. C'était aussi la vérité en y comprenant les conscrits qui n'étaient arrivés encore qu'aux dépôts, ou qui n'étaient pas suffisamment instruits, et quelques corps encore en marche. Mais le nombre d'hommes disponibles, et qui se trouvaient réellement au nombre des combattans était bien inférieur, et ne pouvait pas être compté au-delà de 45 milles hommes et de 15 cents chevaux. Une simple observation confirme cette assertion. Les 9e., 35e., 53e., 84e., 92e. et 106e. régimens Français; les 2e. et 3e. de ligne et le 3e. léger Italiens; les Dalmates et les six bataillons de la garde avaient fait la campagne de Russie. Ces 44 bataillons y avaient péri presqu'en totalité, et même les débris de leurs cadres n'étaient pas encore arrivés en Italie. Il avait donc fallu les reformer en entier par la conscription, les organiser avec un petit nombre d'officiers venus d'autres corps et avec des sous-officiers conscrits eux-mêmes. Qu'on calcule toutes ces circonstances et on se persuadera facilement qu'il n'est pas possible que, dans l'espace d'un peu plus de deux mois, depuis la réception des premiers ordres de l'Empereur, les cadres des bataillons ayent pu être au complet, d'hommes en état de faire la guerre, où les porte la situation *ci-dessus rapportée*.

Le 17 juillet, le général Grenier prit le commandement de la deuxième lieutenance, qui devint première, et porta son quartier-général à Udine.

Cependant le mouvement en avant de l'armée avait commencé le 15, et il continua jusqu'à ce que les trois lieutenances fussent au-delà de l'Adige. La première lieutenance passa en entier la Piave, ayant la 4e. division derrière la ligne de l'Isonzo et la 2e. sur le Tagliamento.

La deuxième lieutenance occupa Vicence et Castel-Franco avec la 1re. division, Bassano et Feltre avec la 3e. La troisième lieutenance occupa Vérone et Padoue, ayant toujours une brigade détachée à Trieste, Fiume et Laybach.

La division de cavalerie occupa Padoue et Trévise.

La division de réserve resta à Montéchiaro.

Août 1813. L'armée resta dans cette position jusqu'au 7 août, sans avoir fait d'autre mouvement que d'envoyer à Villach la 28e. demi-brigade provisoire (2e division). Cependant le terme de l'armistice d'Allemagne approchant sans aucune espérance de le voir prolonger, le Prince Vice-Roi transporta, le 10 août, son quartier-général à Udine. L'artillerie de campagne fut mise à la suite des divisions et l'armée commença à se déployer.

Le 12, elle occupait les positions suivantes :

La première lieutenance était concentrée entre Udine et Gorizia. La deuxième lieutenance entre Codroipo et St.-Daniel. La troisième lieutenance poussa la 5e. division en avant de Palmanova, et la brigade de la garde royale vint à Pordenone. La cavalerie occupa Latisana.

Pendant que l'armée d'Italie achevait ainsi son mouvement militaire, l'insurrection éclata en Illyrie. Elle était fomentée par les Autrichiens. Dans les premiers jours d'août, le Feld Maréchal lieutenant Hiller était arrivé à Agram; son premier soin fut de mettre sur le pied de guerre les régimens qui se trouvaient dans la Croatie Autrichienne. Il ne manqua pas non plus d'envoyer des agens au-delà de la Save, afin de préparer la Croatie Française à un mouvement insurrectionnel qui put faciliter son invasion.

A la première nouvelle de l'insurrection de la Croatie, le Prince Vice-Roi se hâta de mettre son armée en mouvement vers cette province. Il espérait prévenir le mouvement d'invasion de l'ennemi, et prendre avec son armée la ligne de la Save, appuyant sa gauche aux sources de cette rivière, avant que les Autrichiens ne fussent débouchés d'Agram. La conséquence de ce mouvement était nécessairement la répression de la révolte des Croates. En conséquence le Prince se rendit en personne, le 19, à Gorizia, d'où il annonça à son armée par une proclamation, qu'une nouvelle guerre venait de se déclarer et que l'armée d'Italie était appelée à en partager les dangers et la gloire ; que les hostilités enfin étaient recommencées. « Votre discipline et » votre valeur, disait-il aux soldats, me sont » garants que vous soutiendrez la vieille répu- » tation des corps dont vous faites partie, et » que, par de nouveaux efforts, vous contri- » buerez à conquérir la paix qui n'a pu vous » être donnée ».

De Gorizia le mouvement continua le 19 jusqu'à Adelsberg. Le 20, la 1re. lieutenance s'étendait de Wippach à Alpen. La 1re. division, suivant le mouvement de la droite, était en avant de Gorizia ; la 5e. division, à Tarvis et Villach. La 5e. division couvrait Trieste et la 6e. avait une brigade à Laybach.

Pendant que ce mouvement s'exécutait, les Autrichiens étaient entrés dans l'Illyrie. L'armistice d'Allemagne étant expiré le 16 août, le 17 au matin, deux colonnes Autrichiennes passèrent la Save à Sissek et à Agram , se dirigeant sur Karlstadt et sur Fiume. Le général de brigade Jeanin, qui était à Karlstadt, se disposait à se défendre, et fit même quelques préparatifs à cet effet. Il réussit à rompre le pont de la Koranna; mais lorsqu'il voulut couper celui de la Kulpa , qui est sur la route d'Agram, l'insurrection éclata parmi les habitans. Se voyant abandonné par les soldats Croates, qui désertèrent tous, et menacé par la populace, il fut obligé, dans la nuit du 18 au 19 , de se retirer presque seul sur Fiume.

Les employés Français de l'administration d'Illyrie éprouvèrent, dans cette circonstance, toutes sortes d'avanies et de mauvais traitemens de la part des insurgés Croates, notamment M. de Contades , intendant de la Croatie civile, qui fut même en danger de perdre la vie. Échappé , comme par miracle, il fut ensuite retenu prisonnier par le général Nugent qui ne consentit à le laisser rejoindre le quartier-général du Prince Vice-Roi , qu'après y avoir été autorisé par sa cour.

Dans la ville de Fiume se trouvait le général de division Garnier, avec 400 Croates et un bataillon d'élite du 4e. léger Italien qu'il y avait retenu, à son passage. Ce bataillon venait de la Dalmatie pour rejoindre la 6e. division. Le 20 au soir, le général Garnier, se croyant menacé de près par des forces supérieures, évacua Fiume et vint prendre position à Lippa, d'où le général Jeanin rejoignît l'armée. Cependant les Autrichiens n'ayant pas paru à Fiume, le général Garnier y rentra le lendemain.

L'insurrection que les Autrichiens avaient fomentée en Croatie, s'étendit peu à près, et par les mêmes moyens, en Dalmatie, dans le pays de Raguse et aux bouches de Cattaro, où commandaient les généraux Montrichard, Roize et Gauthier, n'ayant qu'un petit nombre de troupes Italiennes et quelques bataillons Croates qui, vu les circonstances, loin de nous être utiles contribuèrent au contraire à faciliter aux Autrichiens leurs succès dans les siéges qu'ils firent ensuite des chefs-lieux de ces trois provinces.

Le 21 août, la force de l'armée Autrichienne, commandée par le général Hiller, et qui s'avançait vers les frontières de l'Italie était d'environ 40 mille hommes, disposés de la manière suivante, 15 mille hommes devant Klagenfurt, 15 mille devant Cilly, et 10 mille venant de la Croatie Autrichienne, dans la Croatie Illyrienne, du côté de Karlstadt et Neustadt. De

Klagenfurt et Cilly les Autrichiens poussaient des reconnaissances sur Neumarkt, et sur Volkermarkt et Krainburg.

A cette époque, le Prince Vice-Roi reçut la nouvelle de ces mouvemens de l'ennemi. Réduit par la faiblesse numérique de son armée, et par l'inexpérience des soldats à une guerre défensive, dans le seul but de gagner du temps et de compléter la formation de l'armée, il ne pouvait pas penser à reprendre la ligne de la Save que l'ennemi avait déjà dépassée. D'ailleurs les plus grandes forces des Autrichiens paraissant se diriger sur Klagenfurt, il était probable qu'ils avaient l'intention de forcer les positions de Villach et de Tarvis. Ce mouvement aurait débordé la gauche de l'armée d'Italie et ouvert par le vallon de la Drave l'accès du Tyrol à l'ennemi. Le Vice-Roi se décida donc à se porter à son aile gauche avec les 1re., 2e. et 4e. divisions, la garde royale et une brigade de cavalerie. Le mouvement commença le même jour, en remontant l'Isonzo par Canale, Caporetto et Pletz. La 5e. division reçut ordre de se rendre à Laybach. Le 27 août, le mouvement était achevé. La première lieutenance (2e. et 4e. divisions) se réunit dans le camp retranché de Tarvis. La 1re. division se porta, par Arnoldstein, à Finkenstein, pour soutenir la 3e. qui était à Federaun et Hartz.

Dès le 18 août, le général Gratien qui occupait la position de Tarvis avec la 3e. division, en plaça une partie par échelons dans les vallées de la Gaillitz et du Gail, jusqu'à Villach qu'occupait le 35e. leger. Le 19, les hostilités commencèrent, et les Autrichiens portèrent des troupes sur Gemünd, Spital et Paternion. Le 21, ils firent sommer la ville de Villach, en même temps qu'ils menaçaient Arnoldstein et Federaun à revers. Cette dernière circonstance engagea le général Gratien à faire évacuer Villach le 23. Mais le lendemain, ayant appris le mouvement de l'armée, et la 1re. division étant déjà arrivée à Tarvis, il fit de nouveau attaquer Villach par le colonel Duché avec deux bataillons du 35e. léger et un du 36e., dont la belle conduite leur mérita d'être cités à l'ordre de l'armée. La ville fut enlevée et l'on fit 500 prisonniers à l'ennemi, presque tous des régimens de Hohenloë, Bartenstein et Peterwaradin. Mais le colonel Duché qui se distingua ainsi dès l'ouverture de la campagne, reçut ordre de l'abandonner encore, et revint à Féderaun.

Le 28, le Prince Vice-Roi ayant appris que les ennemis avaient jeté des ponts à Rossek et

Première affaire de Villach.
24 Août.

Deuxième affaire de Villach.
28 Août.

les avaient couverts par une tête de pont à la droite de la Drave, se décida à faire attaquer Rossek et Villach à la fois. Le Général Gratien reçut ordre de reprendre cette ville avec la 5e. division ; la 1re. marcha de Reckersdorf, où elle se trouvait alors, sur Rossek, et y battit l'ennemi qui repassa la Drave et fit sauter ses ponts. La 2e. vint à Reckersdorf soutenir le général Gratien. Ce général s'étant mis en marche de Federaun, vers 2 heures après midi avec neuf bataillons, en laissa trois en réserve aux Bains, et fit attaquer vigoureusement la ville avec les six autres. Mais elle était si bien barricadée qu'il ne put prendre que les faubourgs. Cependant l'attaque de Rossek ayant réussi, les Autrichiens évacuèrent Villach le 29, vers 11 heures du matin, après y avoir mis le feu. Le général Gratien en prit possession sur-le-champ, et le quartier-général s'y rendit (1).

Dans le rapport de ce général sur ces deux affaires de Villach, sont cités avantageusement le général Piat, qui avait très-bien di-

---

(1) Une description exacte de ce qui s'était passé dans la ville et les faubourgs de Villach pendant les neuf jours qui venaient de s'écouler, fut faite par écrit, au Prince Vice-Roi, par l'intendant de la Carinthie, M. de Charnage, qui s'était trouvé sur les lieux. Cette relation particulière est au nombre des pièces annexées à ce précis.

rigé les troupes de sa brigade, le colonel Duché du 55°. léger, le chef d'escadron Castel de la Bolbene, F. F. de chef d'état-major de la 3°. division, et autres (1), notamment l'aide-de-camp du général Piat, blessé mortellement au moment où, à la tête de 20 hommes armés de haches, il se portait en avant avec la plus grande bravoure, pour abattre les barricades qui couvraient les portes de la ville.

A cette époque l'armée reçut l'organisation suivante :

L'Etat-major général, le même que le précédent, pag. 18, *sauf de légers changemens en augmentation d'officiers* (2) *depuis le* 12 *août.*

1re Lieutenance, le lieutenant-général
Cte GRENIER, commandant.

---

(1) Du 35°. léger. —Solmiac, chef de bataillon. —Donet, adjudant-major. —Thibaut, *idem.* —Maire, capitaine —La Garde, capitaine. —Villemjanc, lieutenant. —Platoni, sergent.

Du 36°. léger. —Beinac, chef de bataillon. —Gogué, *idem.* —Chabalieu, lieutenant. —Chabrier, *id.* —Mallet, sous-lieutenant.

Du 103°. de ligne. —Kesler, capitaine. —Noël, *id.* —Le Vasseur, sous-lieutenant. —Kesler, sous-lieutenant.

(2) Le général de brigade *Fontane,* disponible au quartier-général. —Le major Pasqualis, attaché à l'état-major général. —Le capitaine Frangipani, adjoint à l'état-major. —Le capitaine Hautz, *idem.* —Le capitaine Deverre, *idem.* — Le capitaine aide-de-camp Crotti.

1re Division, le général QUESNEL.

Généraux { CAMPY . . . .
de brigade. { PÉGOT , colonel . . . .

4e Division , le Général MARCOGNET.

Généraux { DUPEYROUX . . . .
de brigade. { JEANIN. . . . .

Force, 17,408 hom. et 38 bouc. à feu.

2e Lieutenance , le général de division
Cte VERDIER , commandant , ayant
pour chef d'état - major l'adjudant-
commandant HECTOR.

2e Division , le général Bon ROUYER.
Chef d'état-major , l'adjudant-com-
mandant DEMARZY.

Généraux { SHMITZ . . . .
de brigade. { DARNAUD . . . .

3e Division, le général Bon GRATIEN.

Généraux { PIAT . . . .
de brigade. { MONTALCON, adjudant-command. . .

Force, 16,329 hom. et 34 bouc. à feu.

3e Lieutenance , le général de division
Cte PINO.
5e Division , le général PALOMBINI.

Généraux { RUGGIERI . . . .
de brigade. { GALIMBERTI . . . .

6e Division , le général Bon LECHI.

Généraux { Bon LECHI, comm. la garde royale . .
de brigade. { BELOTTI . . . .

Force, 16,786 hom. et 32 bouc. à feu.

Réserve , le général de division BONFANTI.

Général { MAZZUCHELLI . . . .
de brigade. {

Force, 4,324 hom. et 16 bouc. à feu.

Nota. Cette division se composait de la 25e 1/2 brig. p^{re}
et de 3 bataillons d'élite des 1er et 2e étrangers.

Cavalerie, le général de division MERMET.

Général { PERREYMOND . . . .
de brigade. {

Force, 2,312 hom. et 12 bouc. à feu.

Total, ... 57,159 (1).

(1) Dans cette situation sommaire se trouve com-
prise la force particulière de plusieurs corps destinés
pour l'armée, mais qui ne l'avaient pas encore rejointe,

Dans les derniers jours d'août la deuxième lieutenance occupa Villach et Federaun, la 1ʳᵉ. division, St.-Martin et Rossek, la 4ᵉ. Wurtzen. Le général de brigade, Bᵒⁿ. Gifflenga, aide-de-camp du Prince Vice-Roi fut envoyé avec un parti à Paternion pour observer l'ennemi de ce côté.

Pendant que cette disposition avait lieu à l'aîle gauche de l'armée, l'ennemi continuait son mouvement contre la droite. De Neustadt il poussait des reconnaissances à Weichselburg. Le corps campé à Frautz, sur la route de Cilly, envoyait des partis au pont de Tchernütz. Le 27, les Autrichiens prirent possession de Fiume, que le général Garnier avait évacué la veille, pour se retirer à Schapiane. Le 29, ce général se retira à Matéria.

Le 26 août, le général Pino qui venait d'arriver à Laybach, avec la 5ᵉ. division, fit partir de cette ville la brigade Belotti, pour prendre position sur le mont Léobel. Ce général attaqua le 29 les retranchemens que l'ennemi avait élevés sur cette montagne; mais ayant été repoussé, il se replia le même jour

---

quoiqu'ils fussent déjà en Italie; elle comprend en outre les hommes non instruits et non habillés, ou qui étaient en marche pour rejoindre. On voit facilement par-là combien il faut en ôter lorsqu'il s'agit de combattre.

sur Ste.-Anne et le lendemain à Krainburg.
Pour couvrir le mouvement du général Belotti
dans le Leobel, le Prince Vice-Roi avait ordonné au Cte Pino de pousser sur la route
de Neustadt, une reconnaissance de sept bataillons et deux escadrons. Mais le 30, le général Belotti fut attaqué à Krainburg, et dans
la nuit, craignant d'être coupé, il évacua la
ville et se retira à Zwischenwasser. Le général
Pino ayant appris la perte de Krainburg, rappela sa reconnaissance et se concentra à Laybach, faisant occuper le pont de Tchernütz
par la brigade Belotti. Ce mouvement n'entrait point dans les vues du Prince Vice-Roi,
mais il était effectué, et S. A. I. donna, le 31,
l'ordre au général Pino de faire occuper Lo-
hitsch par trois bataillons et attaquer Krainburg par la brigade Belotti. Cette attaque réussit, et ce général s'établit, le 2 septembre, à
Krainburg avec le 3e. léger Italien.

Le général Pino cite comme s'étant distingués dans cette attaque le chef de bataillon
Olivier et le capitaine de voltigeurs Sciel, du
3e. léger, ainsi que le sous-lieutenant Gatti, du
3e. de chasseurs à cheval Italien, qui eut un
cheval tué sous lui.

Le mouvement que les ennemis avaient fait
sur Krainburg, semblait indiquer de leur part

le projet de se rendre maîtres du vallon de la Haute-Save, et, en coupant ainsi la communication entre les deux premières lieutenances et la troisième, obliger l'armée d'Italie à se replier derrière l'Isonzo et les Alpes Juliennes. Afin de s'assurer du passage de la Drave, qu'ils avaient perdu par la prise de Villach et de la tête du pont de Rossek, ils avaient élevé des retranchemens considérables à Feistritz, sur la Drave. De ce point, ils pouvaient se diriger droit sur Arnoldstein et Tarvis, ou entrer dans le vallon de la Save. Le Prince Vice-Roi se décida en conséquence à étendre la première lieutenance vers Krainburg, afin de la mettre en communication avec la troisième, et faire attaquer les retranchemens de Feistritz.

Le 3 septembre, la 4e. division se mit en mouvement de Wurtzen, sur Assling et Krainburg. Le quartier-général et la garde royale se portèrent à Wurtzen. Le général Grenier reçut l'ordre de se mettre en marche sur Feistritz avec la 1re. division et la 1re. brigade de la 2e., faisant prendre position à Hartz à la seconde brigade. La 3e. division resta à Villach. À l'extrême droite, la brigade Ruggieri occupa Adelsberg.

Le 5 septembre, la 4e. division était arrivée à Neumarkt, Vigaun et sur le Leobel. Le

Prince Vice-Roi ordonna au général Grenier de faire attaquer le lendemain Feistritz.

Ce général fit de suite ses dispositions pour l'exécution de cet ordre. En conséquence la 1re. division (Quesnel) se mit en mouvement le 6 septembre, du camp de St.-Jacob, pour déboucher sur deux colonnes. Celle de droite, commandée par le général Campi, et composée de trois bataillons de la 30e. demi-brigade provisoire, du 92e. de ligne et de l'artillerie régimentaire du 84e., se dirigea sur Malschack. Arrivé en cet endroit, le général Campi y dut laisser en réserve un bataillon du 92e. avec les deux pièces d'artillerie; cette réserve devait établir des postes sur le ravin de Feistritz, afin de couvrir le flanc de la colonne. Celle-ci continuant sa marche par Aitonisch, Prasinger et l'habitation de Storing, laissa à ce dernier poste un autre bataillon en réserve. De Storing la colonne gagnant le chemin qui conduit de Bleyberg à Feistritz, se porta sur les hauteurs qui dominent ce dernier lieu, et prit position à Sampretsch et Oliptelschidolo, se préparant à l'attaque.

La colonne de gauche, commandée par le général Quesnel, et composée du 84e. régiment, d'une demi-batterie d'artillerie à pied, du régiment de dragons de la Reine, et d'une

Affaire de Feistritz.

Le 6 septemb.

batterie d'artillerie à cheval, se mit en mouvement immédiatement après la colonne de droite, et fut prendre position à Schwitz-chach en se couvrant de l'artillerie ennemie jusqu'au moment de l'attaque. Le général Quesnel se mit en communication avec le poste de Malschack par des postes intermédiaires. Avant de passer le second ravin, le général Quesnel fit fouiller le bois qui le borde et en fit chasser les postes ennemis ; ensuite il plaça dans la partie de ce bois qui s'étend à gauche vers la Drave, un bataillon du 84e., afin d'éclairer les mouvemens de l'ennemi à la rive gauche.

La brigade du général Schmitz, de la 2e. division, s'étant mise en mouvement du camp St.-Jacob, à 9 heures du matin, immédiatement après la 1re. division, suivit la même direction, et fut établie en première position sur la lisière du bois, en avant du second ravin. Sa droite appuyait à la gauche du général Quesnel, et sa gauche s'étendait vers la Drave. Un bataillon de cette brigade releva à gauche celui du 84e., qui rejoignit son corps.

Le général Quesnel établit le 84e. régiment en deux lignes, jetant des tirailleurs dans le ravin au-dessus d'Ober-Feistritz, afin d'arriver sur la rive droite, au-dessus des retranchemens ennemis. Le général Schmitz, sous les ordres du général Rouyer, après avoir également établi ses troupes sur deux lignes, devait tâcher de s'emparer d'Ober et de Mittel-Feistritz, et placer des troupes dans les maisons de ces villages, d'où elles pouvaient tirer à couvert sur les cannoniers ennemis, dans leurs retranchemens mêmes. Cette attaque devait être secondée par l'artillerie des deux divisions qui devait, en éteignant le feu des batteries ennemies, faciliter aux troupes le passage du ravin et l'abord des retranchemens.

Toutes les dispositions prescrites eurent leur exécution ; la brigade seule du général Campi n'en avait point reçu d'absolues, et cela par sa position qui était la clef de l'attaque. Tout dépendait des mouvemens de ce général, et ces mouvemens pouvaient varier en raison de la marche des autres attaques. La brigade Campi, placée à l'extrême droite, devait non-seulement appuyer les mouvemens des autres troupes, mais encore les seconder en attaquant l'ennemi à revers. Elle même se trouvait à l'abri des attaques de l'ennemi qui ne pouvait venir à elle que par des défilés.

Pendant la marche des colonnes, le Prince Vice-Roi avait fait diriger, par les montagnes, plusieurs colonnes de chasseurs à pied de la

4ᵉ. division, qui repoussèrent les postés ennemis, et contribuèrent au succès de la journée,
en facilitant sur-tout la marche de la brigade
Campi, qui remplit parfaitement l'objet auquel
elle était destinée. Un bataillon du 35ᵉ. de ligne
avait été placé au camp St.-Jacob, avec ordre
de pousser de fréquentes patrouilles le long
de la Drave, depuis le pont de Rossek, jusqu'à
Maria-Elend, et de porter deux compagnies
sur le plateau de ce village, où se trouvait la
réserve d'artillerie de la 1ʳᵉ. division.

A trois heures après midi, le général Campi
ayant attaqué l'ennemi à revers avec une partie de ses troupes, l'action fut également engagée sur le front de la ligne par le 84ᵉ. et la
brigade Schmitz. Quatre bataillons de la brigade Campi, parvinrent à tourner, par la droite
de l'attaque, la principale position de l'ennemi. La résistance des Autrichiens fut vive;
ils essayèrent même de faire diversion en plaçant à la rive gauche de la Drave de l'artillerie
pour prendre l'attaque en flanc, mais cette artillerie fut obligée de se retirer, et les retranchemens furent enlevés sur tous les points. Une
partie des troupes Autrichiennes s'étant retirée
dans le château de Feistritz fut obligée de se
rendre à discrétion.

Pendant le mouvement de la colonne du

général Schmitz, elle eut d'abord à combattre l'ennemi sur la hauteur à la droite de Schwitschach, où un bataillon du 84ᵉ. se trouvait fortement engagé. Ensuite il lui fallut attaquer le cimetière de l'église Sainte-Croix et une redoute placée à mi-côte du grand ravin de Feistritz Le chef de bataillon Fonvielle, du 7ᵉ. de ligne (28ᵉ. $\frac{1}{2}$ brigade provisoire), reçut ordre de passer avec son $\frac{1}{2}$ bataillon de droite derrière la ligne des tirailleurs, et de tâcher de s'emparer de la redoute. Le chef de bataillon Charrier avec le 4ᵉ. bataillon du 9ᵉ. de ligne, se porta sur la ligne des tirailleurs pour protéger le mouvement, que le major Bruyère devait surveiller avec le restant de la 28ᵉ. $\frac{1}{2}$ brigade provisoire. La redoute fut enlevée après une assez faible résistance, et la garnison passée au fil de l'épée.

Aussitôt que l'ennemi posté au cimetière de Sainte-Croix, vit que le chef de bataillon Fonvielle avait dépassé le grand ravin, il abandonna son poste en se retirant vers le château d'Ober Feistritz. Le général Schmitz s'étant mis à la tête de la 4ᵉ. compagnie de grenadiers du 9ᵉ. de ligne, et de son peloton de réserve, s'avança au pas de charge sur le château, soutenu par le 84ᵉ. de ligne, qui était en colonne serrée, appuyé au côteau. La droite du château d'Ober Feistritz se trouva garnie d'abatis, qui arrêtèrent pendant quelque temps le genéral Schmitz sous un feu très-vif, partant de toutes les croisées, et de tous les endroits qui en offraient les moyens. Ayant cependant découvert un petit passage à sa droite, il y fit défiler quelques hommes, pour tourner le château, espérant obliger par là les Autrichiens à l'abandonner. Mais, ceux-ci s'obstinant à se défendre, malgré diverses sommations, le général Schmitz ordonna d'y mettre le feu, ce qui fut exécuté. Alors les ennemis se rendirent au nombre de cent douze hommes, dont quatre officiers.

Le pont du ravin ayant été débarrassé, par le 84ᵉ. de ligne, des barricades et des chevaux de frise que l'ennemi y avait placés, les tirailleurs des 7ᵉ. et 9ᵉ. régimens furent lancés dans le camp ennemi. Le 84ᵉ. suivit ce mouvement et traversa la plaine en colonne serrée, appuyant les tirailleurs par quatre pelotons en masse. Arrivées dans cet ordre au premier village, qui est Steindsdorf, les troupes de la 2ᵉ. division prirent position en arrière du ravin qui couvrait la première position de l'ennemi. Celui-ci s'appercevant que ces troupes ralentissaient leur feu et rappelaient leurs tirailleurs, reprit courage et se reporta en avant.

Mais le général Schmitz appuyé par une partie
du 84e., reprit de suite l'offensive, et l'ennemi
fut repoussé jusques au-delà du village de
Saint-Jean. Là, il engagea une vive fusillade
avec un bataillon de la brigade Campi, qui
était descendu de la montagne pour précipiter
la retraite des Autrichiens. Pendant ce temps
deux bataillons du 9e. de ligne étant placés en
avant de Schwitschach, et ayant devant eux
la 2e. compagnie de voltigeurs du même régiment, en tirailleurs dans la plaine, cette compagnie fut chargée par un escadron de hulans.
Elle reçut et soutint la charge avec la plus
grande intrépidité ; on vit des voltigeurs attendre de pied ferme les hulans, et en tuer les
chevaux à coups de baïonette.

A cinq heures après midi, et nonobstant la
plus forte pluie, la position et les retranchemens de Feistritz étaient complètement enlevés, et le général Grenier, à la grande satisfaction du Prince Vice-Roi, avait rempli entièrement le but que S. A. I. s'était proposé.
Toutes les troupes combattirent avec la plus
grande valeur ; les jeunes soldats qui voyaient
le feu pour la première fois, se comportèrent
toute la journée comme d'anciens et braves
militaires, et sur la fin même de l'affaire rendirent nuls les efforts de plusieurs bataillons

de grenadiers Hongrois, envoyés au secours du corps déjà battu. Parmi les officiers qui se distinguèrent, on remarqua plus particulièrement les généraux Campi et Schmitz, le colonel Pégot, du 84ᵉ. et le chef de bataillon Fonvielle du 7ᵉ. de ligne.

La perte de l'ennemi se monta à 350 hommes tués, et un plus grand nombre de blessés ; on lui fit 500 prisonniers. Nous perdîmes 60 hommes tués, parmi lesquels le brave chef de bataillon Charrier, du 9ᵉ. régiment d'infanterie de ligne, qui fut vivement regretté, et nous eûmes environ 300 blessés.

Il est dit dans le rapport du lieutenant général comte Grenier au Prince Vice-Roi sur cette affaire glorieuse, que le général Quesnel rendit des services importans à la tête de sa division, et que le général Schmitz, blessé légérement, contribua beaucoup au succès de la journée, et il demanda pour eux un avancement dans la légion d'honneur, ainsi que l'admission dans cet ordre, ou un grade supérieur pour ceux qui en étaient déjà décorés, en faveur des officiers et autres militaires de tout grade qu'il désigna de même, comme s'étant particulièrement distingués (1).

____

(1) L'adjudant commandant Bazin de Fontenelle, chef d'état-major de la première lieutenance, l'adjudant

Le 7, la communication entre la première et la quatrième divisions fut rétablie par le Leobel. Le 8, le quartier général de l'armée étant à Krainburg, l'ordre fut donné au général Be-

---

commandant Morizot de Marzy, chef d'état-major de la 2ᵉ. division, le chef d'escadron Italien Frangipani, qui fit preuve d'une bravoure remarquable : il fut grièmement blessé.

Du 7ᵉ. régiment de ligne. — Fonvielle, chef de bataillon, déjà cité. — Savary, adjudant-major. — Pelletier, sous-lieutenant de grenadiers. — Dujour, sergent. — Gaillard, caporal. — Borel, grenadier. — Bonnardel, fusilier.

Du 9ᵉ. régiment de ligne. — Fleury de Villier, adjudant-major. — Fatou, adjudant-major. — Savard, capitaine de grenadiers. — Deperetti, lieutenant. — Parmentier, capitaine de voltigeurs. — Chausson, *idem.* Couilbeau, sergent. — Pratz, caporal. — Pertuis, voltigeur.

Du 52ᵉ. régiment. — Didelot, sergent-major. — Guinet, fusilier.

Du 84ᵉ. régiment d'infanterie de ligne. — Trauné, chef de bataillon. — Durand, *idem.* — Schlosse, *idem.* — Stareck, adjudant-major. — Peyroully, capitaine. — Labuche, *idem.* — Métion, lieutenant. — Lambert, *id.* — Roussel, sous-lieutenant. — Louvat, *idem.* — Le Gouge, sous-lieutenant. — Delchef, *idem.* — Le Rat. *idem.* — Angaut, sergent de grenadiers. — Daumer, caporal de grenadiers. — Pillet, grenadier. — Huguenard, voltigeur. — Badet, chirugien major.

lotti, qui s'y trouvait avec sa brigade, de se diriger le même jour sur le pont de Tchernütz et de l'occuper en étendant ses troupes jusqu'à Saloch. Le général Palombini avait reçu l'ordre de se porter avec la brigade Galimberti, en avant de Saint-Marein, sur la route de Weichselburg ; mais les rapports que le Prince Vice-Roi reçut de la marche de l'ennemi sur Trieste, et de l'évacuation de cette place, lui firent changer de disposition. Le général Palombini dut se porter avec la brigade Ruggieri sur Adelsberg, et de là, marcher à Lippa pour en chasser l'ennemi ; la brigade Galimberti ne devait plus envoyer qu'une reconnaissance de deux bataillons à Saint-Marein. Cependant le général Belotti, au lieu de suivre le cours de la Save pour arriver au pont de Tchernütz et de se couvrir de la chaîne des côteaux qui bordent cette rivière, et qui auraient pu masquer son mouvement, voulut chercher plus à gauche un meilleur chemin. Cette imprévoyance le conduisit à la vue des camps ennemis de Stein et de Stol. Attaqué à l'improviste par un corps Autrichien, et à peu près surpris, il fut fait prisonnier avec la plus grande partie du 3e. léger Italien et les deux pièces régimentaires. Cette circonstance fit prendre au général Pino, qui se croyait me-

Le général Belotti est fait prisonnier.
8 Septembre.

nacé de front par des forces ennemies impo-
santes, la disposition de suspendre le mouvement de la brigade Ruggieri. Alors le Prince
Vice-Roi se décida à faire marcher sur Lippa
toute la 5e. division, et à étendre son armée
en prolongeant le centre jusqu'à Laybach.

Le mouvement de la 5e. division sur Lippa,
commença le 10, et le même jour le Prince
Vice-Roi établit son armée derrière la Drave
et la Save dans l'ordre suivant :

La deuxième lieutenance fut chargée de la
défense de la Drave, appuyant sa gauche à
Paternion, et sa droite à Feistritz, ayant deux
bataillons à Villach et son quartier-général à
Finkenstein.

La première lieutenance fut chargée de la
défense de la haute Save. La 1re. division fut
établie à Krainburg et Neumarkt, ayant deux
bataillons en avant du Leobel. La 4e. division
fut placée devant Laybach, occupant le pont de
Tchernütz.

Le 11, le Prince Vice-Roi eut son quartier
général à Laybach. Cependant, l'ennemi depuis quelques jours faisait des mouvemens
dont il importait au Prince Vice-Roi d'avoir
une connaissance exacte. Ces mouvemens portaient particulièrement sur l'aile droite de
l'armée d'Italie, devant laquelle l'ennemi pa-

Affaire de St-
Marein.
Le 12 septemb.

raissait se renforcer de jour en jour, tandis qu'il se dégarnissait au centre. Les reconnaissances poussées de Krainburg et de Laybach vers Cilly, ne rencontraient que des postes assez faibles, tandis que celles dirigées sur Weichselburg et sur Lippa, se trouvaient arrêtées par des forces majeures. L'attention du Prince Vice-Roi devait donc se porter sur Weichselburg et Lippa, afin d'éclairer les manœuvres de l'ennemi sur sa droite et le chasser au moins de ce dernier poste. Tel fut le motif des fréquentes reconnaissances que le Prince Vice-Roi fit faire sur Saint-Marein, et de l'obstination qu'il mit à y tenir une avant-garde. Le 12, le prince fit marcher quatre bataillons de la garde royale, avec de l'artillerie, sur Saint-Marein, où était resté un des deux bataillons envoyés en reconnaissance par son ordre. Il y eut le même jour un engagement où la garde eut du désavantage. Le 13, elle fut attaquée par l'ennemi, et les avant-postes ayant été surpris, elle perdit quelques hommes tombés au pouvoir de l'ennemi, notamment le colonel Clément, de l'artillerie, et deux pièces de canon. Alors, le Prince ayant laissé le 53e. régiment au pont de Tchernütz, fit marcher à Saint-Marein le reste de la 4e. division. L'ennemi s'en était déjà retiré, et la colonne poussa

en avant jusqu'à Weichselburg, où la garde
royale resta en position ; la 4ᵉ. division re-
tourna devant Laybach : mais, la garde royale
ayant été de nouveau attaquée le 16, et repoussée, le Prince Vice-Roi se vit obligé de
porter sur ce point une force majeure pour
s'opposer au mouvement que l'ennemi paraissait vouloir faire.

Le 17, la 4ᵉ. division marcha de nouveau
sur Saint-Marein où elle prit position ; elle y
fut jointe par le 53ᵉ. régiment, qui avait été
relevé au pont de Tchernütz par une brigade
de la 1ʳᵉ. division.

Pendant ce temps, le général Pino avait
achevé son mouvement avec la 5ᵉ. division.
Le 14, le corps Autrichien commandé par le
général Nugent fut attaqué à Lippa, et battu
avec perte de 300 hommes tant tués que blessés, un canon et 200 prisonniers, la notre fut
de 200 hommes hors de combat. Le 15, la brigade Ruggieri marcha sur Fiume et en chassa
encore l'ennemi, à qui elle prit deux canons.
Les Anglais, qui étaient à Fiume, se sauvèrent
sur leur vaisseau en rade de Fiume, à la vue
de nos baïonnettes. L'Archiduc Maximilien
se trouvait avec le général Nugent : après cette
affaire, le général Pino ayant laissé le 2ᵉ. de
ligne Italien devant Lippa, et envoyé le 3ᵉ. de

Affaires de Lippa et de Fiume.

14 et 15 sep-
tembre.

ligne Italien sur Trieste, revint avec le reste de la 5e. division à Adelsberg.

Le général Palombini fut cité à l'ordre de l'armée pour ses bonnes dispositions dans cette journée, où il soutint la belle réputation qu'il s'était faite dans la guerre d'Espagne. Il y fut, aussi, fait mention du colonel Paolucci, dont la conduite distinguée lui mérita le grade de général de brigade ; il fut grièvement blessé. —Le général Ruggieri, et sous ses ordres, les chefs de bataillon Lerizzi et Federigo furent désignés dans le rapport du général Pino comme ayant attaqué la position de Lippa avec une intrépidité et une intelligence dignes du plus grand éloge. Le général Perreymond, comme ayant fait une belle charge à la tête du 3e. de chasseurs à cheval Italien.

Le 16, le général Pino, vu le mauvais état de sa santé, demanda et obtint de quitter l'armée ; il fut remplacé par le général Palombini.

Affaire en Tyrol. Pendant que ces événemens se passaient au corps principal de l'armée, la division de réserve commandée par le général Bonfanti, avait quitté Montechiaro pour se rendre à Trente, où elle fut réunie du 8 au 12 septembre. Presque en même temps, un corps de troupes Autrichiennes enleva, à Muhlbach, la compagnie de voltigeurs du 1.er étranger qui y

avait

avait été postée, et marcha sur Botzen. Ce mouvement causa quelques alarmes à Trente, qui fut abandonné momentanément. Peu de jours après, le Prince Vice-Roi fit remplacer le général Bonfanti par le général Gifflenga dans le commandement de la réserve du Tyrol.

Le Prince Vice-Roi se voyant menacé par sa droite, devant laquelle l'ennemi rassemblait des forces considérables à Cilly et Neustadt, et ayant également appris que les Autrichiens manœuvraient en force devant Villach, dans le dessein apparent de passer la Drave, jugea sa ligne trop étendue pour laisser l'armée dans l'organisation où elle était ; il y apporta en conséquence les changemens qui résultent de la situation suivante, par laquelle on voit qu'au lieu de trois lieutenances, il la divisa en deux corps.

ÉTAT-MAJOR GÉNÉRAL.

S. A. I. LE PRINCE VICE-ROI D'ITALIE, général en chef.

Le général de division Cte VIGNOLLE, chef de l'état-major général.

Sous-chef de l'état-major, l'adjudant commandant MORIZOT DE MARZY.

Le général de division Bon S.-LAURENT, commandant l'artillerie, ayant pour chef d'état-major le major d'artillerie RAVICHIO.

Le colonel MOYDIER, commandant le génie.

Le capitaine PHILIBERT, F. F. de chef d'état-major de cette arme.

Le sous-inspecteur chevalier PRADEL DE S.-CHARLES, F. F. d'inspecteur aux revues.

Le commissaire ordonnateur REGNAULT, ordonnateur en chef.

Le général de brigade FONTANE, commandant du quartier-général

Les autres officiers comme par le précédent état.

ÉTAT présentant la composition des deux corps.

5ᵉ ORGANISATION.

Corps de droite, commandé par le Prince VICE-ROI, en personne.

1ʳᵉ Division, le Général Bᵒⁿ QUESNEL.

Commandans de brigades { Gal. LECHI, comm. la Garde-royale.
PEGOT, colonel. . . . .

4ᵉ Division, le Général Bᵒⁿ MARCOGNET.

Commandans de brigades. { DUPEYROUX. . . . .
JEANIN. . . . .

5ᵉ Division, le Général Cᵗᵉ PALOMBINI.

Commandans de brigades. { RUGGIERI. . . . .
GALIMBERTI. . . . .

CAVALERIE.

Le Général de Division Bᵒⁿ MERMET.

PERREYMOND, général de brigade.

Force, 23,834 hom. et 70 bouc. à feu.

Corps de gauche commandé par le Lieutenant-Général Cᵗᵉ GRENIER.

2ᵉ Division, le Général Bᵒⁿ ROUYER.

Commandans de brigades. { SHMITZ. . . . .
DARNAUD. . . . .

3ᵉ Division, le Général Bᵒⁿ GRATIEN.

Commandans de brigades. { PIAT. . . . .
MONTFALCON, adjud.-command.

BRIGADE DÉTACHÉE.

6ᵉ Division, le Général de brigade Bᵒⁿ GIFFLENGA.

CAMPI. . . . .
MAZZUCHELLI . . . .

Force, 23,372 hom. et 50 bouc. à feu.

Nota. La Garde royale, comme la situation précédente.

Le général Cte Verdier devait se rendre au quartier-général, à la disposition du Prince Vice-Roi.

Peu de jours auparavant ce général avait détaché à Saint-Hermagor le général Piat avec quelques troupes pour s'opposer au mouvement que les Autrichiens faisaient de ce côté. Les ennemis s'étant étendus, par leur droite, dans le vallon de la Drave, jusqu'au-delà de Spital et Sachsemburg, s'étaient rapprochés de l'aîle gauche de l'armée qu'ils débordaient, et qu'ils menaçaient de tourner en s'emparant de Tarvis. Le général Piat fut attaqué le 16 à Saint-Hermagor, que l'adjudant commandant Hector avait repris le 12 sur l'ennemi, par des forces trés-supérieures et battu sur ce point avec quelque perte. Les Autrichiens ayant passé le même jour la Drave à Rossek, le Général Verdier se voyant menacé de deux côtés, jugea à propos de retirer à lui les troupes qui occupaient Villach et Paternion, et qui pouvaient se trouver compromises. Il concentra toutes ses troupes entre Arnoldstein et Regersdorff. Se trouvant privé de communication avec le corps de droite par la retraite des postes de correspondance qui étaient à Assling, Wurtzen et Weissenfeld ; il ne pouvait pas savoir si la colonne ennemie, qui avait passé la Drave à

Rossek et qui n'avait point remonté le Gail, ne s'était pas jetée dans le vallon de la Haute-Save. Il craignit donc d'être tourné par Wurtzen, et se décida à commencer son mouvement de retraite sur Tarvis. Mais, dans ce moment, le général Grenier qui se rendait à l'aîle gauche pour en prendre le commandement, l'ayant prévenu que la brigade du général Campi occupait le vallon de la Save, entre Neumarkt et Assling, il rappela les troupes qui étaient en marche, et reprit sa position à Arnoldstein et Regersdorff.

Reconnaissance sur Weichselburg.
Le 22 septemb. Le Prince Vice-Roi avait décidé d'attaquer le 21 le corps Autrichien qui était à S.-Marein, en face de la 4ᵉ. division. Ce mouvement devait être appuyé par la 5ᵉ. division, qui devait se porter d'Adelsberg sur Zirknitz et Studentz. Mais le corps ennemi de St.-Marein, favorisé par un fort brouillard qui ne se dissipa que très-tard, s'était retiré de grand matin. La 4ᵉ. division dépassa St.-Marein et prit position a Grosslup. Le lendemain, le général Jeanin avec deux bataillons et un escadron du 19ᵉ. de chasseurs s'avança jusqu'à Weichselburg, où il prit position, envoyant des reconnaissances sur Posendorff. Pendant ce temps le général Palombini qui occupait Zirknitz et Studentz, avait envoyé à Obergurk le général Perreymond avec deux bataillons et un escadron. Les troupes ennemies qui étaient devant le général Jeanin se voyant menacées de front et en flanc, prirent le parti de se retirer, d'un côté sur Treffen et de l'autre sur Littay : on leur fit quelques prisonniers du régiment Franzcarl. Le 23, la 4e. division se replia sur St.-Marein, où elle prit position ; la 5e. division resta à Zirknitz et Studentz, et le général Perreymond fut placé en avant de Gros Lachitz. Le 25, une colonne autrichienne d'environ 3 mille hommes vint attaquer la tête du pont de Tchernütz, qui était défendue par un bataillon du 84e. de ligne Français, un du 3e. de ligne Italien et 100 chasseurs à pied de la garde.

Affaire de Tchernütz. Le 25 septemb.

Après quatre heures de combat, et sans avoir obtenu un seul instant le moindre avantage, l'ennemi fut contraint à la retraite avec perte au moins de 400 hommes, à en juger par le nombre de ses morts et celui de ses blessés qu'il abandonna sur le champ de bataille, et le grand nombre de fusils et de gibernes que nos soldats ramassèrent.

Nous eûmes 12 hommes tués et 76 blessés, parmi les premiers, le capitaine de grenadiers Lecarlé, du 84e. régiment, vivement regretté ; il s'était distingué.

Le général Fontane qui commandait sur ce point, où s'était transporté de suite de Lay-

(54)

bach le Prince Vice-Roi, cita avec éloge, dans son rapport sur cette affaire, plusieurs officiers, sous-officiers et soldats qui se firent plus particulièrement remarquer par des preuves de leur bravoure et de leur dévouement (1).

La satisfaction particulière du Prince, de la belle conduite des trois corps qui combattirent dans cette occasion, fut honorablement exprimée à ces derniers, par l'ordre de l'armée.

Parmi les troupes Autrichiennes qui avaient fait cette infructueuse attaque se trouvaient plusieurs bataillons des régimens d'infanterie de Lusignan, de Chasteller et de Landverth.

La brigade du général Campi, en conséquence de la dernière organisation de l'armée et des mouvemens de l'ennemi sur sa gauche, avait quitté sa position entre Neumarkt et Assling, et appuyant la droite à cette dernière place, s'était étendue sur la Haute-Save, jus-

---

(1) Le capitaine aide-de-camp Ménard. — Le capitaine Ruelle du 84ᵉ régiment (blessé). — Le lieutenant Debost, *idem*. — Le lieutenant Mitouflet, *idem*. — Le lieutenant Postelle, *idem*. — Le sous-lieutenant Luigetti, du 3ᵉ. de ligne Italien.

1ᵉʳ. Bataillon des chasseurs de la garde royale. — Le capitaine Grella. — Le capitaine Gobbis. — Le capitaine Stella. — Le lieutenant adjudant-major Valesini. Les souslieutenans Saccani, Chiusone, Reina, Brasile. — Les voltigeurs Pasciuti et Sella.

qu'à Wurtzen. Le 23, ce général fut attaqué à Assling, et forcé de se concentrer à Wurtzen. Les Autrichiens, à la faveur des nombreux passages que les Alpes juliennes offrent entre Tarvis et St.-Hermagor, inquiétaient journellement les postes que le général Grenier avait établis pour garder les débouchés à sa gauche; celui de Ponteba fut même enlevé par un parti ennemi. D'un autre côté, le corps Autrichien de Klagenfurt, qui se trouvait maître des passages de la Drave entre Hohlenburg et Rossek, se mit en mesure de profiter de la lacune qui existait entre le corps de droite et celui de gauche, que les circonstances avaient forcés à se concentrer, chacun à l'extrémité de son aîle. Cette lacune laissait à découvert tout l'intervalle compris entre Krainburg et Assling. Des colonnes ennemies assez considérables se portèrent sur Krainburg, Neumarkt et Ratmansdorff, menaçant de pénétrer en Frioul par Tulmino.

Il était impossible à l'armée d'Italie de réunir assez de forces à Krainburg, pour rejeter de ce côté l'ennemi derrière la Drave, sans dégarnir et peut-être compromettre les passages qui devaient, en cas d'événement, servir à la retraite de l'armée. Il était encore à craindre que les Autrichiens qui paraissaient menacer en force la 5ᵉ. division ne parvinssent à forcer le poste d'Adelsberg, circonstance qui aurait fortement compromis l'aîle droite. A ces motifs qui ont pu influer sur la détermination du Prince Vice-Roi, il s'en joignait un dernier d'un intérêt majeur, et dont les conséquences étaient trop importantes pour être négligées. Les plus fortes raisons portaient à croire que la Bavière était au moment de se détacher de l'alliance de la France. La conduite de cette puissance, depuis la reprise des hostilités, avait eu pour base une neutralité plus nuisible qu'utile. L'armée bavaroise, qui se trouvait aux frontières de l'Autriche, était restée dans l'inaction, et aucun mouvement n'avait été fait pour arrêter ceux des Autrichiens, qui s'avançaient en force par les vallons de la Drave, vers le Tyrol. L'instant où la Bavière se détachait des intérêts de l'Empire Français, était celui où le cœur du Royaume d'Italie allait se trouver menacé. L'armée d'Italie se trouvant alors plus éloignée du Haut-Adige, que l'ennemi, aurait couru bien des dangers, même pour repasser le Pô vers son embouchure, et se mettre à.a merci d'un allié infidèle, qui déjà négociait sa défection. Le Vice-Roi se décida donc à faire un premier pas rétrograde, et à se rendre plus maître de ses mouvemens, en mettant entre lui et l'ennemi les défilés qu'il avait à passer pour rentrer en Italie. Les dispositions furent prises pour que l'armée vint occuper la ligne de l'Isonzo.

Le 25, en même temps que les Autrichiens faisaient une tentative sur le pont de Tchernütz, ils attaquèrent le général Perreymond à Gros-Laschitz. Ce général fut forcé d'abandonner cette position et de se replier sur la 5e. division, qui, elle-même se vit obligée de se concentrer à Zirknitz. Le surlendemain, le général Palombini fut lui-même attaqué à Zirknitz et forcé de se replier à Manitz, après avoir perdu un bataillon du 2e. léger Italien. Le 28, il prit position à Adelsberg. Il exprima son mécontentement de la conduite du 4e. léger dans ces différentes affaires, et donna des éloges à celle des 1er., 3e. de ligne et 3e. leger, ainsi que du piquet de chasseurs à cheval qui, vaillamment commandé par le lieutenant Viceré avait, dans des momens importans, vigoureusement chargé et constamment repoussé les hussards ennemis.

Le général de brigade Galimberti, le chef d'escadron Molinari, le capitaine de Lahage, de l'état-major, et les chefs de bataillons Olivier et Rossi, du 3e. léger, furent cités avantageusement.

L'artillerie avait parfaitement soutenu le

mouvement rétrograde, dans lequel, quoique très-inférieur en forces, on combattit l'ennemi pendant trois jours consécutifs, en lui disputant le terrain pied, à pied et ne faisant en retraite que trois lieues par jour, au plus. Le corps Autrichien auquel on eut à faire, était fort de 7 mille hommes environ, et composé presque en entier de Croates, commandés par le général Chocovick.

Le 27, l'ennemi attaqua, avec vigueur et le double de forces des nôtres, tous les avant-postes de la division Rouyer à Regersdorff, sans doute dans le dessein de faire une reconnaissance sur toute la ligne que cette division occupait ; mais malgré tous ses efforts et les quatre pièces d'artillerie qu'il avait placées au-delà du ravin, en avant du village de St-Léonard, et qui tirèrent presque toujours à mitraille, il ne put déboucher dans la plaine, et fut repoussé avec perte sans avoir rempli son but. La conduite du major Bruyère, qui commandait les avant-postes, mérita des éloges ainsi que celle du capitaine de voltigeurs la Roche et du sous-lieutenant Bornier, du 7e. régiment d'infanterie de ligne, qui furent grièvement blessés. Le capitaine Bonnet, des voltigeurs du 9e., le capitaine Dufrasne, des voltigeurs du 35e. et le lieutenant Zindel furent également cités avantageusement le même jour.

Le même jour la 4ᵉ. division quitta sa position de St.-Marein pour venir à Ober-Laybach. Le quartier-général s'y était déjà rendu de Laybach, après avoir laissé dans le château de cette ville, une petite garnison, composée en grande partie, de convalescens, commandés par le colonel Leger, qui se rendit lorsqu'une plus longue résistance se trouvait sans objet. La brigade Pegot, 1ʳᵉ. division, fit l'arrière-garde. Le même jour l'ennemi s'étant porté en force sur Trieste, le général de division Fresia, commandant en Illyrie, évacua définitivement cette place, après avoir laissé une petite garnison dans le château, sous les ordres du colonel Rabié, qui capitula, le 29 octobre suivant, après une belle défense.

Mouvement
en arrière sur
l'Isonzo.

Le corps de droite continua son mouvement rétrograde par échelons. Les 1ʳᵉ. et 4ᵉ. divisions suivirent la grande route de Gorizia, par Adelsberg et Wippach, en marchant à une étape de distance l'une de l'autre. La 5ᵉ. division, de Prewald se dirigea sur Senosetch et Opschina jusqu'à Duéno, où elle reprit la direction de Gorizia. L'ennemi débouchant par Zirknitz à la suite de la 5ᵉ. division, suivit le mouvement de l'armée de très-près, et attaqua deux fois l'arrière-garde ; la 1ʳᵉ. à Alben

ou Planina, le 30 septembre, et la seconde à
Octobre 1813. Adelsberg, le 1er. octobre. Chaque fois il fut
repoussé avec perte, et depuis lors il cessa d'in-
quiéter l'armée. Le 6 octobre le mouvement
fut achevé. La 4e. division occupa la rive droite
de l'Isonzo, de Gradisca jusqu'en face de
Gorizia. La 5e. division s'étendit depuis Gradisca jusqu'à la mer. La 1re. division fut placée en réserve derrière Gradisca. Le quartier
général occupa cette dernière ville.

Affaire de
Brixen.
Le 25 septemb. Dans le Tyrol, le général Gifflenga étant arrivé le 21 septembre, à Trente, mit sa divi-
sion en mouvement le même jour, se dirigeant
sur Brixen. Les Autrichiens, après l'occupation de Muhlbach dans les premiers jours de
septembre, et la reconnaissance qu'ils avaient
faite sur Botzen, s'étaient repliés en arrière de
Brixen. Le corps qui avait poussé aussi en
avant, n'étant qu'une faible avant-garde, n'a-
vait pas pu penser à se soutenir à une aussi
grande distance de son armée. Occupant donc
Muhlbach afin de couvrir le mouvement du
général Fenner, qui s'avançait par Lientz,
Toblach et Prunecken, il avait placé une avant-
garde d'environ 800 hommes vers Aicha, sur
la route de Brixen. Le général Gifflenga s'a-
vança sans obstacles jusqu'à Brixen, où il arriva le 25 septembre. Le même jour le général

Mazzuchelli, qui commandait son avant-garde, attaqua l'ennemi à Aicha, le battit, lui fit beaucoup de prisonniers, et le renversa sur Muhlbach, qui fut abandonné.

A l'aîle gauche, le général Grenier ayant appris que les Autrichiens occupaient Tulmino, et s'étendaient sur l'Isonzo, d'un côté vers Cana et de l'autre vers Caporetto, jugea nécessaire de commencer son mouvement rétrograde. Le 4 octobre, il concentra devant Tarvis les 2ᵉ. et 3ᵉ. divisions, et raprocha à Weissenfeld la brigade du général Campi ; un bataillon du 92ᵉ. de ligne de cette brigade, fut détaché à Caporetto, afin de conserver le passage de Pletz. Le 6, le corps de gauche commença sa retraite en échelons par la vallée de la Fella ; la brigade Campi se dirigea par Pletz sur Caporetto, d'où elle rejoignit la 1ʳᵉ. division, à laquelle elle avait apartenu. Le 7, une colonne Autrichienne de neuf bataillons, avec quatre pièces de canons, déboucha de Feistritz, sur le Gail, et vint attaquer le poste de Saffnitz, qui était gardé par trois bataillons des 42ᵉ., 102ᵉ. et 131ᵉ. de ligne. Ces trois bataillons soutinrent le choc avec la plus grande vigueur, et parvinrent à repousser l'ennemi et à le chasser au-delà de la montagne. La perte des Autrichiens s'éleva à plus de 600 hommes

Affaire de Saffnitz.
Le 7 octobre.

hors de combat, et 80 prisonniers du régiment de Bianchi et des chasseurs n°. 8. La notre fut d'environ 100 hommes tués ou blessés, l'adjudant commandant Montfalcon, le major Vautier, du 102e., ainsi que les chefs de bataillon Dousse et Scharff, des 131e. et 132e. de ligne, et l'adjudant-major Carel, du 101e. se distinguèrent particulièrement. Le sergent Lemoine des voltigeurs de ce dernier corps, donna des preuves d'une rare intrépidité.

Le 11, le mouvement rétrograde du corps de gauche fut achevé, et il se trouva réuni dans la vallée de Tagliamento, au débouché de la plaine du Frioul. La 2e. division occupa Venzone et la 3e. Ospedaletto. Depuis le combat de Saffnitz, l'ennemi n'inquiéta plus le mouvement de l'aîle gauche qu'il ne suivit même que d'assez loin. Le 13, le général Grenier voulant en avoir des nouvelles poussa en avant une forte reconnaissance, commandée par le général Shmitz. Les Autrichiens furent rencontrés à Rescmutta. Le général Shmitz les attaqua et les culbuta en leur faisant quelques prisonniers du régiment de Chasteller et du 9e. de tirailleurs.

Ce général se loua beaucoup de la conduite des troupes sous ses ordres, notamment de celle des 200 voltigeurs du 9e. régiment d'infanterie de ligne que commandait le chef de bataillon Gayard; il en fut fait mention à l'ordre de l'armée, ainsi que des capitaines Bonnet et Parmentier, l'un et l'autre grièvement blessés, et qui donnèrent des preuves de la plus brillantes valeur.

Le Prince Vice-Roi pensa, dès son arrivée à Gradisca, à recompletter l'armée qui avait éprouvé d'assez grandes pertes dans un grand nombre de combats partiels qu'elle avait du livrer dès le commencement de la campagne. Quoique la victoire ait presque toujours été fidèle aux drapeaux de l'armée d'Italie, le résultat n'en avait pas moins été une diminution sensible dans tous les corps. Sans doute que le Prince Vice-Roi aurait évité cette conséquence funeste et inévitable des combats partiels, s'il avait eu à commander de vieilles troupes accoutumées au feu, et avec lesquelles il eut pu être maître de ses mouvemens. Mais l'armée d'Italie était composée de conscrits qui passaient presque sans intervalle de leurs foyers aux combats, et qu'il importait avant tout d'aguérir; c'était par des combats partiels qu'il fallait les préparer à une bataille qui pouvait devenir inévitable. Aucun des moyens qu'un général expérimenté peut mettre en usage pour épargner les hommes, ne pouvait, pour ainsi dire, être employé. La disproportion des forces de l'ennemi obligeait l'armée d'Italie à une si stricte défensive, qu'il n'était pas possible au Prince Vice-Roi de tenter une de ces entreprises hardies et bien combinées, qui, par leur audace et leur succès augmentent dans l'âme des soldats le sentiment de leurs propres forces. Il ne fallait pas même penser à des mouvemens nocturnes; la jeunesse des soldats qui ne pouvaient résister au sommeil, les rendait impraticables.

Le Prince Vice-Roi dans la situation des affaires en Allemagne, qui nécessitaient de nombreux renforts à la grande armée, ne pouvait pas espérer des secours actifs de la France. La 25e. demi brigade provisoire et le 1er. régiment étranger qui étaient en marche, formaient, avec le 31e. de chasseurs et le 1er. de hussards, à-peu-près le *nec plus ultrà* des ressources qu'il pouvait attendre. La défection de la Bavière fut consommée et connue à cette époque, et S. A. I. vit approcher l'instant où il lui faudrait se rapprocher des débouchés du Tyrol. Il n'y avait donc pas un moment à perdre pour faire usage des dernières ressources qui étaient en son pouvoir. Dès le 5 octobre, étant à Gorizia, le Prince Vice-Roi ordonna la formation d'une division de réserve, qui devait

se

se réunir à Vérone et se composer de six bataillons Italiens, tirés en grande partie des compagnies de réserve départementale. Le 11, une
levée de 15 mille conscrits fut ordonnée dans
le royaume d'Italie ; une proclamation qui ac-
compagnait un décret engagea les Italiens à
réunir tous leurs efforts pour la défense de leur
patrie. Les finances du royaume d'Italie furent,
dans le même temps, l'objet de ses soins, et un
décret prescrivit, à cet égard, les mesures que
nécessitaient les circonstances.

Dans le même temps la garnison de Palmanova fut augmentée de trois bataillons, et celle
de Venise devait être portée à 12 mille hommes;
mais elle n'arriva jamais à ce nombre, l'armée
ayant été obligée de dépasser cette place avant
d'être en état d'y envoyer assez de troupes.
L'ordre fut donné également pour compléter
l'approvisionnement de la garnison de Venise
pour un siège de six mois, et il fut à-peu-près
exécuté par les soins de M. Maillot, commissaire général de la marine, aidé de l'autorité du
gouverneur et des moyens mis à sa disposition
par le ministre de la guerre du royaume d'Italie.
Un ordre semblable fut donné pour les habitans
de Venise et des lieux compris dans l'arrondissement de défense ; mais on sait assez, comment
des ordres de ce genre sont exécutés. La dé-

fense terrestre de la place de Venise, dont le général de division Séras était gouverneur, fut divisée en quatre arrondissemens. La défense maritime resta au contre-amiral Dupèré.

Le premier arrondissement, commandé par le général de brigade Dupeyroux, s'étendait de l'Adige à la bouche de Malamocco, et comprenait la redoute de la Cavanella, les ouvrages de Brondalo, Chioggia, les forts de St.-Félix, Caromau, St.-Pietro et le Littoral de Palestrina.

Le contre-amiral Dupèré réunit à la défense maritime celle du second arrondissement qui s'étendait de la bouche de Malamocco et du Lido, les îles de St.-Erasme et de Tréporti, les villages de Burano, Mazorbo et Torcello jusques aux forts, redoutes et autres ouvrages de défense de ces différens points.

Le troisième arrondissement, commandé par le général de brigade Schilt, ne comprenait que le fort de Malghera, qui est la clef de la Lagune.

Le quatrième arrondissement, commandé par le général de brigade Daurier, comprenait la place de Venise, Murano, Compalto, Carbonara, Tessera, St.-Secondo, St.-Giorgio in Alga et St.-Angelo.

Le 14 octobre, l'organisation de l'armée éprouva quelques légers changemens. La brigade Campi étant rentrée à la 1re. division, la garde royale passa à la réserve du quartier-général. Le général de brigade Soulier passa à la 1re. division, en remplacement du colonel Pegot, nommé général de brigade. Le général Deconchy remplaça le général Dupeyroux, à la 4e. division. Le général Bonnemains fut employé à la division de cavalerie.

En Tyrol, le général Gifflenga s'était avancé de Brixen à Pruneken. Le 3 octobre, il eut un engagement assez vif avec l'avant-garde du général Fenner qu'il battit, et à laquelle il causa une perte de 400 hommes, dont 25 prisonniers. Mais cette avant-garde se trouvant appuyée le lendemain par le corps d'armée, le général Gifflenga se vit contraint de rétrograder sur Botzen, et successivement sur Trente, qu'il abandonna même le 15 pour se replier sur Volano, où il prit position. Ce qui, ainsi qu'on le voit, n'eut cependant lieu qu'après douze jours de la plus belle résistance.

Le général Mazuchelly est cité dans le rapport du général Gifflenga comme ayant fait de bonnes dispositions et contenu l'ennemi ; il y est aussi fait mention de la belle conduite du colonel Mayer, du 1er. étranger, de celle du major Fournier et du chef de bataillon Thunot, du 16e. de ligne.

Dans le même temps un corps Autrichien détaché de Toblach, et commandé par le général Eckard, s'était porté sur Bellune. Le 18, l'adjudant commandant Bonin, qui commandait le département de la Piave, fut attaqué. Il se défendit autant qu'il lui fut possible; mais il fut forcé, griévement blessé, de se retirer.

Mouvement en arrière sur le Tagliamento et sur l'Adige.

Aussitôt que le Prince Vice-Roi eut appris, par les rapports du général Gifflenga, la marche du général Fenner, il se décida à commencer le mouvement rétrograde de l'armée d'Italie, d'abord sur le Tagliamento, et puis successivement vers l'Adige.

Le 17, le général Palombini reçut ordre de partir sur-le-champ avec la brigade Galimberti, pour se rendre le 20 à Conegliano, à la disposition du général Cte Grenier. La brigade Ruggieri de la même division, laissant un seul bataillon sur l'Isonzo, se réunit à Palmanova, d'où elle devait occuper la tête de pont du Tagliamento, près Codroipo. Le général Grenier partit de sa position de Venzone et Ospedaletto, avec les divisions Rouyer et Gratien, pour passer le Tagliamento, et s'approcher de Feltre et de Bellune. Le Prince Vice-Roi n'ignorait pas le mouvement que le général Hiller faisait vers le Tyrol avec la droite et le centre de l'armée Autrichienne, et

jugeait que le premier objet de l'ennemi,
maître de Trente et de Bellune, serait de porter des troupes par Bassano et Ceneda sur le
flanc gauche de l'armée d'Italie. Il crut que
détachant le général Grenier avec deux divisions, dont la marche devait précéder de trois
jours celle du reste de l'armée, il forcerait les
corps avancés de l'ennemi à se replier plus
avant dans le Tyrol et à se rapprocher de leur
armée qui n'était pas encore arrivée à Pruneken. Ainsi dégagé sur sa gauche et assuré de
ses communications avec Vérone, le Prince
espérait avoir le temps de prendre une position
derrière la Piave, et d'y tenir quelques jours.
Il devait y arriver lorsque déjà le général Grenier était devant Bassano. La division Quesnel
réunit la brigade Campi à Cividale; la brigade
Soulier fut envoyée à Ospedaletto pour remplacer le corps de gauche. La division Marcognet se concentra à Cormons. La brigade
Bonnemains (de cavalerie) joignit le général
Grenier. Le quartier-général et la réserve restèrent à Gradisca.

Le 23, le quartier-général se transporta à
Udine, et la brigade Soulier reçut ordre de se
replier le lendemain sur St.-Daniel. Mais ce
général ayant été attaqué le 24, avant même
d'avoir reçu l'ordre, fut forcé dans sa position,

et obligé à la retraite qu'il fit dans le meilleur ordre. Il arriva le 25 à St.-Daniel et passa de suite le Tagliamento pour s'établir à Spilimbergo : le quartier-général était à Codroipo. Le mouvement rétrograde continua le 26, et le 3o, l'armée était sur la Piave, le quartier-général à Spréziano. A cette époque le général Grenier se trouvait en position en avant de Castel-Franco, entre Rossano et San-Zenone, faisant ses dispositions pour attaquer Bassano où l'ennemi avait jeté un corps après l'occupation de Trente.

Affaire de Volano, en Tyrol. Le 26 octobre.

Le 26, le général Gifflenga fut attaqué à Volano par les Autrichiens ; il avait repoussé avec assez de succès les attaques de front de l'ennemi, mais le général Mazzuchelli qui était chargé de couvrir la droite, ayant été forcé et rejeté sur Naviglio, le général Gifflenga fut obligé de se retirer en arrière d'Ala. Le 28, il attaqua, à son tour, le général Fenner à Ala. Le commencement du combat fut toujours à l'avantage de la 6e. division, mais peu après le désordre se mit dans les troupes, et un bataillon de la réserve de Vérone jeta même les armes pour s'enfuir. L'ennemi gagna du terrein, et ce ne fut pas sans peine que le général Gifflenga vint à bout de rallier ses troupes et d'arrêter les Autrichiens. Le chef de bataillon

Resich, du régiment Dalmate, et le capitaine
Fortis, commandant l'artillerie légère, ser-
virent très-bien dans cette circonstance.
Obligé cependant de se retirer sur Vérone, il
y dirigea sa division qui y arriva le 29. La
perte des Autrichiens fut de 1500 hommes environ; le général Fenner fut du nombre des
blessés. Nous ne perdîmes pas moins de 1000
hommes, en grande partie du bataillon dépar-
temental, qui avait causé le désordre : à la
première nouvelle de l'évacuation de Trente
par la 6e. division, la brigade Galimberti qui
avait marché sur Conegliano reçut ordre de
se rendre à Vérone pour soutenir le général
Gifflenga dont la retraite sur cette place était
aisée à prévoir.

Cependant, le général Grenier étant arrivé
le 25 à Postuma, à la hauteur de Trévise, se
mit en mouvement le lendemain avec ses deux
divisions et la brigade Bonnemains pour s'approcher de Bassano. Le corps ennemi qui avait
occupé cette place, la couvrait et faisait face à
Castel-Franco. Le général Grenier vint prendre
position à Rossano et San-Zenone. Un bataillon d'élite et un peloton de chasseurs qui faisaient l'avant-garde, engagèrent le même jour
vers le soir avec l'avant-garde ennemie un
combat qui finit à la nuit, sans avantage de part

ni d'autre. De faux rapports ayant exagéré la force de l'ennemi à Bassano, le 27 et le 28 se passèrent en reconnaissances ; le temps était fort mauvais, la pluie était forte et presque continue. Le 29, les Autrichiens firent occuper Casoni par un bataillon et quelques troupes légères, afin d'observer et de gêner la communication entre la 2ᵉ. division à Rossano et la 3ᵉ. à San-Zenone. Le général Grenier ordonna alors au général Bonnemains d'attaquer et d'occuper Casoni. Le même jour, vers cinq heures du soir, le général Bonnemains partit de Besega avec un bataillon du 7ᵉ. de ligne (28ᵉ. demi-brigade provisoire), deux compagnies du 9ᵉ. de ligne et un escadron du 31ᵉ. de chasseurs. Un autre escadron du même régiment fut dirigé par Cassola pour prendre l'ennemi en flanc. Le chef de bataillon Fonvielle, du 7ᵉ. de ligne, arrivé devant Casoni, attaqua le village immédiatement. La résistance fut vive, mais il fut enlevé et les Autrichiens obligés de se retirer à Bassano. La nuit mit fin au combat ; mais la cavalerie rouvrit la communication avec San-Zenone, et fit quelques prisonniers. Le général Bonnemains laissa un demi-bataillon avec un peloton de chasseurs à Casoni ; le reste des troupes se porta au château de Camora, pour observer

la grande route de Bassano. Les deux compagnies de voltigeurs du 9e. furent placées en
échelons entre Casoni et Besega.

Le 30 au matin, trois bataillons Autrichiens
et quelques escadrons, se portèrent sur Casoni
pour reprendre ce village, auquel il parait que
l'ennemi attachait beaucoup d'importance. Le
démi-bataillon qui était en avant du village
fut forcé de se replier dans le cimetière et
de s'y défendre. Le général Bonnemains fit
avancer encore les trois compagnies qui se
trouvaient en réserve dans le village de Casoni,
et ordonna à l'escadron du 31e. de chasseurs de
manœuvrer sur la droite de l'ennemi. Ces dispositions suffirent pour faire échouer les des-
seins de l'ennemi; il fut battu et forcé de se
retirer sur Bassano. La perte des Autrichiens
fut assez forte en morts et en blessés, et on
leur fit 100 prisonniers. L'aide-de-camp Sere-
ville, le chef de bataillon Fonvielle et le capitaine de voltigeurs de son bataillon se distinguèrent à cette affaire.

Le 31, le lieutenant-général Grenier attaqua
et prit Bassano, à la tête des divisions Rouyer et
Gratien et de la brigade de cavalerie du général Bonnemains. L'attaque se fit en trois colones, dont celle de gauche par la route de
Casoni, et celle de droite, à la tête de laquelle

Affaire de
Bassano.

se mit le Prince Vice-Roi en personne , par la route de Mussolenti. Les ennemis commandés par le général Eckard , forcés de se retirer en remontant la vallée de la Brenta , furent poursuivis jusques auprès de Primolano. Leur perte fut de 4 à 500 morts, un grand nombre de blessés, 500 prisonniers, et une pièce de canon. Les troupes qui se distinguèrent le plus à cette affaire furent les 3e. et 6e. bataillons du 42e. de de ligne. La colone de droite, composée d'une brigade de la 3e. division , marchant par le revers des montagnes, dépassa Mussolenti, et arriva jusques sur la route de Bassano à Trente. La colone du centre attaquait alors la ville, où l'ennemi avait quelques troupes ; le reste était déjà parti. Le mouvement rapide de cette colone obligea les débris du corps Autrichien à se retirer sur Sette-Communi.

Le général Grenier eut à se louer, et il l'exprima de la manière la plus honorable, des généraux Rouyer, Gratien et Bonnemains. La conduite de l'adjudant Montfalcon mérita également ses éloges.

Le 1er. novembre , l'armée continua son mouvement vers l'Adige, en se dirigeant sur Legnago et Vérone. Les 1re., 2e. et 3e. divisions passèrent Castel-Franco et Vicence. La 4e. division se dirigea par Trévise et Padoue, afin

de couvrir le mouvement du grand parc d'artillerie, qui fut dirigé par Legnago sur Vallegio.
Une partie des troupes qui avaient combattu
à Bassano y restèrent avec le Prince Vice-Roi,
et se rendirent le 2 avec lui à Vicence. Le 4,
le quartier - général arriva à Vérone, où se
trouvait la division Palombini. C'est à cette
époque que finit le mouvement de l'armée
d'Italie de l'Isonzo à la ligne de l'Adige, où
elle prit position, ne laissant à la rive gauche
que quelques troupes pour couvrir Vérone.
Le général Bonnemains, avec trois bataillons
d'infanterie et sa brigade de cavalerie, composée des 31e. de chasseurs Francais et du 4e.
de chasseurs Italiens forma l'arrière-garde.

Le Prince Vice-Roi ayant appris à Bassano le
résultat de l'affaire de Volano, forma le projet
d'attaquer le général Fenner et de le forcer à
reculer dans la vallée de l'Adige, afin d'appeler
l'attention de l'ennemi sur Roveredo, et l'empêcher de se porter sur Brescia et les derrières
de l'armée. Mais, pour l'exécution de ce projet, il importait de retarder la marche des
colones ennemies qui arrivaient par Bassano
et par Castel-Franco. En conséquence, le général Bonnemains reçut l'ordre de retarder
autant que possible la marche de son arrière-
garde, et de détruire tous les ponts. Le 2, l'ar-

rière-garde prit position à San-Pietro Engù et détruisit les ponts de Bassano et de Fontaniva sur la Brenta. Le 3, le général Bonnemains vint à Vicence. Le 4, après avoir fait évacuer les magasins et les hôpitaux, il vint à Soave et Villabella. Pendant cette marche on rompit également les ponts de Montebello et Villanova, ce qui empêcha l'ennemi, vu, d'ailleurs, les pluies abondantes de cette saison, qui avaient grossi les rivières, d'inquiéter ni même suivre l'arrière-garde. Enfin, le 6 seulement, le général Bonnemains prit position à Saint-Martin, devant Vérone, ayant ses avant-postes à Vago et sa réserve à Saint-Michel.

Le capitaine du génie Fallot chargé de la direction des travaux pour rompre les différens ponts, mérita d'être cité par le zèle et l'intelligence qu'il y apporta.

La garnison de Palma-nova avait été complétée avant que l'armée ne repassât le Tagliamento ; celle de Venise reçut un renfort d'une brigade et d'une demi-batterie, après que l'armée eut repassé la Piave. La défense maritime des lagunes de Venise venait d'être organisée ; des divisions de Prames, batteries flottantes, chaloupes et bateaux canonniers avaient été stationnées dans tous les canaux accessibles à l'ennemi ; toutes les entrées avaient été barricadées par des pieux et des estacades flottantes : cette première ligne de défense était protégée par le feu des bâtimens de guerre. L'armement des prames, batteries flottantes, etc. montait à 356 bouches à feu, soit canons, caronades ou obusiers de tous calibres. Outre cet armement, beaucoup plus considérable qu'il ne l'avait jamais été, on mit en construction un nombre de barques de chaque espèce, soit pour augmenter l'armement, soit pour remplacer les pertes. L'artillerie de ces bateaux de réserve pouvait être prise dans l'arsenal ou sur les vaisseaux. La garnison, en y comprenant le renfort que le Prince Vice-Roi venait d'y faire entrer, et les malades de l'armée, ne montait qu'à 8 mille hommes de troupes de terre, dont 6 mille en état de faire le service. Les marins étaient au nombre de 3200.

Le 3 novembre, le général Schilt quitta Trévise, où il commandait, pour se jeter dans le fort de Malghera. Le même jour, à midi, Mestre fut occupé par l'ennemi. Le lieutenant général Autrichien Marschals fut chargé du blocus de Venise.

L'armée d'Italie, en arrivant sur l'Adige, se trouva considérablement diminuée. La nécessité de compléter les garnisons des places qu'on laissait à découvert en avait distrait un nombre de bataillons. Les nombreux combats qu'elle avait livrés et les maladies avaient singulièrement affaibli les bataillons restans. Cette circonstance détermina le Prince Vice-Roi à supprimer la 3ᵉ. division et à la fondre dans les autres. Il réduisit aussi le nombre des bataillons de chaque régiment ; les cadres des bataillons supprimés furent renvoyés dans les dépôts, et à Alexandrie, pour les compléter sur la prochaine conscription. L'armée d'Italie se trouva ainsi réduite à quatre divisions, auxquelles le Prince ajouta deux corps détachés, l'un à droite, l'autre à gauche. Le corps de droite fut chargé de surveiller et de défendre le bas Adige, celui de gauche de garder les vallées qui aboutissent sur Brescia. Cette nouvelle organisation eut lieu le 6 novembre.

L'état-major général comme le précédent, p. 49, sauf le général Dode, arrivé pour commander le génie et ayant pour chef d'état-major le chef de bat. Beaufort d'Haulpoul.

1ʳᵉ Lieutenance, le Lieutenant-Gén. Cᵗᵉ GRENIER.

1ʳᵉ Division, le Général Quesnel.

Général de brigade, CAMPI.
- 92ᵉ de ligue . . . . 3 batail.
- 30ᵉ 1/2 brige prov.ʳᵉ
  - 1ᵉʳ léger., . . . 1 *id.*
  - 14ᵉ *id.* . . . . . . 1 *id.*
  - 10ᵉ de ligne . . . 1 *id.*

Général de brigade, SOULIER.
- 42ᵉ de ligne . . . . 2 batail.
- 84ᵉ *id.* . . . . 3 *id.*

Plus, 2 compagnies d'artillerie, dont une à cheval, et 2 du train, 12 bouches à feu. En tout, la division avait 7,108 hommes.

4ᵉ Division , le Général MARCOGNET.

Général de brigade, JEANIN.
- 53ᵉ de ligne. . . . . 3 batail.
- 102ᵉ id. . . . . 2 id.
- 106ᵉ id. . . . . 2 id.

Général de brigade, DECONCHI.
- 29ᵉ 1/2 brigade 1ʳᵉ.
  - 20ᵉ de ligne. . 1 batail.
  - 101ᵉ id. . . . 1 id.
- 31ᵉ id. . . . . .
  - 131ᵉ id. . . . 1 id.
  - 132ᵉ id. . . . 1 id.

Plus, 2 compagnies d'artillerie à pied , et 2 du train , 12 bouches à feu. En tout, la division était forte de 7,117 hommes.

2ᵉ Lieutenance , le Lieutenant-Général Cᵗᵉ VERDIER , ayant pour Chef d'état-major l'Adjudant-Commandant DE QUERELLES.

2ᵉ Division , le Général ROUYER ; l'Adjud -Command. BOSSI SAINTE-AGATHE Chef d'état-major.

Général de brigade, SHMITZ.
- 9ᵉ de ligne. . . . . 2 batail.
- 8ᵉ 1/2 brig. prov.ʳᵉ
  - 7ᵉ de ligne. . . 1 id.
  - 52ᵉ id. . . . 1 id.
  - 67ᵉ id. . . . 1 id.

Général de brigade, DARNAUD.
- 35ᵉ de ligne. . . . . 3 batail.
- 1ᵉʳ Régiment étranger. . . . . 4 id.

Plus, une compagnie d'artillerie à cheval, et une à pied, 2 compagnies du train, 12 bouches à feu. La division avait en tout 7,696 hommes.

5ᵉ Division , le Général PALOMBINI.

Général de brigade, RUGGIERI.
- 2ᵉ de ligne Italien. . . . . 3 batail.
- 3ᵉ id. . . . . 3 id.

Général de brigade, GALIMBERTI.
- 3ᵉ léger Italien. . . . . 2 batail.
- 1ᵉʳ Régiment prov.ʳᵉ id. . . . . 2 id.
- 2ᵉ id. . . . . 2 id.

Plus, un escadron des dragons Napoléon , une compagnie d'artillerie à cheval, une à pied, deux du train, 12 bouches à feu. La division était forte de 5,659 hommes.

Corps détaché de droite , commandé par l'Adjudant-commandant MONTFALCON.

- 36ᵉ léger, ... 2 batail.
- Bataillon d'élite du 1ᵉʳ étranger. . . . . 1 id.

Situation , 1,049 hommes.

Corps détaché de gauche, commandé par le Général GIFFLENGA.

3ᵉ léger. 1 batail.

25ᵉ 1/2 brig. prov.ʳᵉ {
1ᵉʳ de ligne. . 1 *id.*
16ᵉ   *id.* . . . 1 *id.*
62ᵉ   *id.* . . . 1 *id.*

6ᵉ de ligne Italien. . . . . 1 *id.*

Gendarmerie à pied . . . . 1 *id.*

Plus , un détachement de 100 Dalmates. Ce corps était fort de 3,500 hommes environ.

Cavalerie , le Général MERMET , ayant pour Chef d'état-major l'Adjudant-Commandant DERIVAUX.

RAMBOURG , Colon. {
3ᵉ chasseurs Italien. . . . . 4 escad.
19ᵉ   *id.* Français. . . . . 2 *id.*

Général de brigade , BONNEMAINS. {
4ᵉ   *id.* Italien. . . . . 2 *id.*
31ᵉ   *id.* Français. . . . . 3 *id.*

Général de brigade , PERREYMOND. {
1ᵉʳ de hussards Français. . . . . 2 1/2 *id.*
Dragons de la Reine , Italien . . . . . 4 *id.*

Plus , une compagnie d'artillerie à cheval , et une du train , 6 bouches à feu. Force totale , 2,885 hommes montés.

RÉSERVE D'ARTILLERIE.

Composition : 14 bouches à feu , 375 hommes , et 409 chevaux.

GRAND PARC D'ARTILLERIE.

1,661 hommes et 1,096 chevaux ; aucune bouche à feu , mais des voitures d'artillerie de toute espèce , des munitions et des rechanges.

Nota. La Garde royale Italienne, comme la précédente situation.

L'armée d'Italie, réunie le même jour à la rive droite de l'Adige , occupait les positions suivantes:

La 1ʳᵉ. division à Vérone , s'étendant sur la droite par ses postes jusqu'à Zévio.

La 4ᵉ. division dans les environs de Legnago, s'étendant par sa gauche jusqu'à Ronco.

La

La 2ᵉ. division à Vérone, s'étendant par sa gauche jusqu'à Bussolengo.

La 5ᵉ. division, dans les positions de Rivoli et de la Corona.

Le corps détaché de droite, depuis Legnago jusqu'à Roverchiaro.

Le corps détaché de gauche, à Desenzano, Salo et les vallées du Brescian.

L'avant-garde composée de trois bataillons de la 1ʳᵉ. division et de la brigade de cavalerie du général Bonnemains, était à Saint-Michel, Saint-Martin et Vago, à la gauche de l'Adige.

La cavalerie avait ses deux autres brigades ; l'une à Isola Porcarizza et Saint-Pietro di Legnago, et l'autre à Saint-Giovanni Lupatolo.

La garde royale Italienne était à Villafranca, et au quartier-général de l'armée à Vérone.

La réserve d'artillerie était à Goito et Roverbella ; le grand parc à Valeggio.

Le 9 novembre, une colonne Autrichienne ayant pénétré dans la Valcamonica, s'avança vers Brescia. Le général Gifflenga s'y porta avec une partie de son corps, et la força à repasser les monts.

Le même jour le Prince Vice-Roi, se mit en mouvement sur Roveredo avec la 2ᵉ. lieutenance. La brigade Shmitz se dirigea sur Ala en deux colones, l'une par la Val Pantena, l'autre

Affaire en Tyrol.

par la Val Palisella. La brigade Darnaud et une partie de la brigade Galimberti marchèrent sur la grande route sous les ordres du général Rouyer. Tout ce qui restait disponible dans la division Palombini déboucha de Rivoli, en deux colones; l'une par la rive droite de l'Adige, et l'autre par la Corona et la Ferrara. Le même jour le général Darnaud rencontra l'ennemi en position à Ossenigo au-dessus de Peri; il l'attaqua et força la position. Le général Palombini chassa les Autrichiens de Belluno. Le 10, le général Darnaud attaqua et enleva les positions retranchées de Vo, de Struzzino et d'Ala, et poussa l'ennemi jusqu'à Marani. Le général Palombini emporta les retranchemens de Campagnola et arriva à Pilcanto. Les troupes qui se distinguèrent le plus, furent les voltigeurs des 9e. et 35e. de ligne, les voltigeurs du 3e. de ligne Italien et deux bataillons des régiments étrangers. Le 11, le Prince Vice-Roi ayant rempli son but, qui était d'appeler l'attention de l'ennemi sur Roveredo, et de l'obliger à retirer les troupes qu'il faisait marcher sur Brescia, replia la 2e. lieutenance, qui rentra dans ses positions. Un autre motif détermina le Prince Vice-Roi à se contenter d'une simple démonstration sur Roveredo, sans se porter jusqu'à cette ville; ce fut l'approche de l'aile gauche des ennemis, qui avait déjà dépassé Vicence et qui allait menacer ses derrières. La perte des Autrichiens dans ces différentes affaires, fut de près de 800 hommes hors de combat, et plus de 800 prisonniers des régimens de Zeckler, Duka, Spleni, Hohenloo, Barsteinstein, hussard Frimond et chasseurs n°. 8. Notre perte s'éleva à environ 250 hommes. Le général Verdier fut au nombre des blessés. Ce général accoutumé à ces infortunes de guerre, eut une part honorable aux éloges du Prince Vice-Roi qui s'étant trouvé à portée de rendre justice aux bonnes dispositions des officiers généraux, à l'audace et au courage des troupes, s'empressa de leur en témoigner, par un ordre du jour, son extrême satisfaction, notamment aux généraux Verdier, Palombini et Darnaud.

Le 10, un vaisseau anglais débarqua à l'embouchure de la Piave 500 hommes, moitié Autrichiens, moitié Anglais, qui s'emparèrent du fort de Cortelazzo, et le lendemain de la redoute de Cavalino.

Le même jour l'ennemi s'étant avancé de Villanova à Caldiéro, le colonel Desmichels, du 31e. de chasseurs à cheval, reçut l'ordre de faire une reconnaissance sur Caldiéro avec 200 chevaux et un bataillon d'infanterie. Ce colonel

rencontra à peu de distance de Vago , une reconnaissance avec laquelle il échangea quelques coups de fusil. Le 12, trois bataillons et
deux escadrons ennemis avec 4 canons attaquèrent les avant-postes de l'armée à Vago.
Une compagnie de voltigeurs et un piquet de
5o chevaux tinrent ferme derrière le canal.
Le général Bonnemains fit alors avancer de
Saint-Martin, quatre compagnies du 53e., deux
escadrons et un obusier sous les ordres du
chef de bataillon Moreau. Ce renfort suffit pour
repousser les Autrichiens jusqu'à Caldiero. On
leur fit une vingtaine de prisonniers, et on leur
tua environ 5o hommes.

Le chef de bataillon Moreau fut distingué
par le général Bonnemains pour sa belle conduite, ainsi que son aide-de-camp Olivier,
le lieutenant Charbonnier, du 31e. de chasseurs à cheval, le lieutenant Le Rebours, de
l'artillerie légère, et les officiers du 4e. de chasseurs à cheval Italien , Gamberay et Borelli.

L'armée Antrichienne était cependant arrivée en présence, et avait pris position à Caldiéro , où elle commençait à se retrancher.
Cette disposition paraissait annoncer le projet
d'une attaque sur Vérone, ou au moins celui
de forcer le passage de l'Adige entre Zevio et
Ronco, ainsi qu'il était déjà arrivé en 1796.

Le Prince Vice-Roi résolut en conséquence d'attaquer l'ennemi à Caldiéro, afin de détruire ses ouvrages et de retarder l'exécution de ses projets. Les dispositions d'attaque avaient été faites pour le 14. Mais le mauvais temps la fit remettre au lendemain ; le 15, la division Marcognet et la brigade de cavalerie du général Bonnemains avec douze bouches à feu, débouchèrent de Vago, se portant de front sur la position de l'ennemi. La division Quesnel, débouchant par Fontana, dirigea sa brigade de droite sur la droite de l'ennemi à Colognola, et celle de gauchè plus haut, vers Illasi, afin de déborder la ligne Autrichienne et de tourner Caldiéro ; cette division agissant dans un terrain montueux ne devait avoir qu'un escadron et une demi-batterie. Le général Mermet avec la première brigade de la division Rouyer, la brigade de cavalerie légère du général Perreymond et six bouches à feu déboucha de St.-Martin, se dirigeant entre l'Adige et la grande route, de manière à croiser le chemin de Caldiéro à Arcole, tourner la gauche de l'ennemi et tâcher de le prévenir au pont de Villanova. Le général Rouyer avec sa seconde brigade devait soutenir le général Marcognet. La garde royale resta en réserve à St.-Martin, ayant deux bataillons à Vérone.

Combat de
Caldiero.
Le 15 novemb.

Un bataillon du 14e. léger, (5oe. demi-brigade. provisoire, fut laissé sur les hauteurs de Po-gliano.

L'attaque commença vers les 10 heures du matin. La brigade Jeanin ayant successivement fait replier les postes ennemis jusqu'au coteau de St.-Piétro, à gauche de la poste de Caldiéro, enleva cette position par une brusque attaque du 55e. de ligne Ayant ainsi dépassé le mamelon qui est à droite de la route, et qui était attaqué de front par la brigade Deconchy, il se rabattit dessus, et le prit à revers. Un peloton, du 5ie. de chasseurs, commandé par le lieutenant Charbonnier s'élança dans les retranchemens qui couronnaient ce mamelon, et tout ce qui s'y trouvait fut fait prisonnier. Aucun ne put échapper, les voltigeurs de la colone du général Mermet, réunis à ceux de la colone du centre, ayant déjà tourné ce même mamelon.

Le général Bonnemains, débouchant par la grande route, parvint à faire passer en avant sa batterie d'artillerie à cheval, et la mit en batterie à demi-portée de fusil des retranchemens ennemis, en la faisant soutenir par quelques escadrons. Le feu de cette batterie, principalement dirigé sur la ligne ennemie, qui était en position sur les hauteurs entre Co-

lognola et la grande route , fut si avantageusement servi, qu'il fut impossible aux Autrichiens de tenir leur poste. Alors la division
Quesnel, débarrassée du premier obstacle
qu'elle devait rencontrer, acheva son mouvement, et poussant l'ennemi, de position en position, le renversa sur Soave. Le centre des
Autrichiens, poussé également la bayonnette
dans les reins, fut rejeté au-delà de l'Alpon.
L'avant-garde du général Mermet fit vingt-trois
prisonniers à la hauteur de Gombio.

La brigade du général Bonnemains suivit
l'ennemi sur la grande route jusque près du
pont de Villanova , et le renversa chaque fois
qu'il voulut prendre position. Près de Villanova, la batterie de ce général engagea une
canonade très-vive , qui fit beaucoup de mal
à l'ennemi. Le général Grenier ayant mis une
seconde batterie à la disposition du général
Bonnemains, celui-ci la plaça à sa gauche, et
la dirigeant sur les hauteurs de Soave, contribua à décider le mouvement de retraite de
la droite ennemie. Les deux batteries étant
éclairées et soutenues par la brigade du général Bonnemains, continuèrent leur feu jusqu'à la nuit.

La perte de l'ennemi fut d'environ 1500
hommes hors de combat, 900 prisonniers, et

deux canons. La notre monta à 5oo hommes. Toutes les troupes méritèrent des éloges par leur conduite ; mais l'on cita plus particulièrement les 42e. et 84e. régiments de la 1re. division, les 53e. et 102e. de la 4e., le 31e. régiment de chasseurs à cheval, le 4e. de chasseurs à cheval Italien, et la 4e. compagnie du 4e. régiment d'artillerie légère. .

Parmi les officiers qui se distinguèrent, on remarqua la valeur et les talens que déployèrent les généraux Jeanin et Bonnemains, le colonel Grosbon, du 53e. régiment, le colonel Desmichels, du 31e. de chasseurs, le chef d'escadron Dubois, du 4e. de chasseurs à cheval Italien, le chef de bataillon Moreau dirigeant les voltigeurs, et le capitaine Faure, de l'artillerie à cheval, détachée de la 1re. division, à la brigade Bonnemains ; le major d'artillerie Bernard, et le chef de bataillon Marie de Colière furent également cités avantageusement pour le bon emploi qu'ils firent de leurs bouches à feu, et le chef d'état-major d'artillerie Ravichio en saisissant toutes les occasions de rendre les services de son arme. Plusieurs autres officiers, sous-officiers et soldats de la cavalerie légère se firent aussi remarquer (1).

____

(1) Du 31e. de chasseurs. — Les capitaines Martin et Autric. — Les sous-lieutenans Audibert et Schreiner.

(89)

La journée du 16 fut employée à enlever les blessés et à détruire les retranchemens de l'ennemi. Le 17, l'armée rentra à Vérone. Mais la brigade Jeanin, de la division Marcognet, resta en position à St.-Martin et derrière le torrent de Vago. La brigade Deconchy fut détachée vers Ronco et Roverchiaro.

Le 18, les Autrichiens attaquèrent Vago en forces ; la brigade Jeanin les contint, mais le général Marcognet voyant que l'ennemi portait ses principales forces sur Lavagno et dans la direction de Montorio, craignit une

---

— Le sous-lieutenant Boulanger. — Les maréchaux-de logis Habert et Labarthe. — Les brigadiers Boutarel et Richard. — Le chasseur Guet.

Du 4e. de chasseurs Italien. — Le major Duboy, commandant le régiment. — Le capitaine Richet. — Le lieutenant Borelli. — Le sous-lieutenant Mazza. — Le maréchal de logis Menuzzi. — Le brigadier Lavini.

Les aides-de-camp du général Bonnemains, Séréville et Olivier.

Le lieutenant d'artillerie légère Le Rebours, qui fut tué.

On dut aussi des éloges au chirugien major Trion, du 31e. de chasseurs, qui, sous le feu de l'ennemi, donna ses soins aux blessés.

Le brigadier de gendarmerie Imbert, qui fit mettre bas les armes à dix Autrichiens ; il reçut deux coups de feu, et il eut son cheval tué.

attaque de flanc, et fit replier la brigade Jeanin à St.-Martin. Le 19, l'ennemi attaqua le général Marcognet dans cette dernière position, avec tant d'impétuosité et des forces tellement supérieures, que le Prince fut obligé de le faire replier entre St.-Martin et St.-Michel, ou le combat, quoique ce général n'eût que six bataillons appartenans aux 20ᵉ., 53ᵉ., 101ᵉ. et 102ᵉ. régimens, se soutint jusqu'à la nuit. Il reçut à la vérité, vers le soir, un renfort de deux bataillons du 1ᵉʳ. étranger, conduit par le général Darnaud, de la 2ᵉ. division, qui prirent une part brillante à la dernière réception qui fut faite à l'ennemi sur le point de St.-Michel, et qui le décida à la retraite. Le 1ᵉʳ. régiment d'hussards rendit de bons services par ses manœuvres sur toute la ligne de St.-Michel à Montorio, ainsi que le 4ᵉ. bataillon du 20ᵉ. de ligne, commandé par le chef de bataillon Mandrillon, qui fut tué en repoussant avec vigueur toutes les attaques de l'ennemi, et contribuant efficacement par là, à maintenir la communication entre les troupes qui défendaient St.-Michel et celles de Montorio.

Le major Beaudouin commandant la 29ᵉ. demi brigade provisoire, défendit Montorio avec la plus grande valeur. Le chef de bataillon Flocard, du 101ᵉ. fut aussi cité pour sa conduite distinguée, et il en fut de même dans cette circonstance de celle du major d'artillerie Marie de Colière, qui donna de nouvelles preuves de sa fermeté et de son intelligence. Le capitaine de sapeurs Repecaud servit aussi très-bien avec sa compagnie.

On eut a regretter un brave officier le lieutenant Ribereau, du 2ᵉ. d'artillerie à pied, qui en pointant une pièce reçut une si grave blessure qu'il en mourut peu d'heures après.

On a évalué les pertes de l'ennemi dans ces deux journées à environ 1,200 hommes hors de combat ; on leur fit 200 prisonniers. Le 20, la brigade Jeanin, de la division Marcognet, qui avait fatigué et souffert dans les combats précédens, rentra à Vérone, et fut remplacée par la division Rouyer, en entier. La brigade Campi resta à Ronco.

Le 18 novembre, un décret impérial accorda sur la conscription un renfort de 15 mille hommes pour l'armée d'Italie, et prescrivit, en outre, la formation d'une armée de réserve forte de quarante-trois bataillons, en trois divisions, et qui devait être composée des troupes qui se réunissaient en Piémont et particulièrement à Alexandrie. Mais les circonstances subséquentes rendirent illusoires les effets de ce décret.

« Pendant ce temps le général Nugent, à la tête d'un corps de 3 mille hommes, avait débarqué le 15 à l'embouchure du Pô de Volano. L'archiduc Maximilien était avec le général Nugent. Ce corps composé d'Anglais et de déserteurs de toutes les nations, et auquel se joignit un nombre de malfaiteurs, se dirigea sur Ferrare, dont le général Nugent se rendit maître le 20. Dès le 17, au premier avis que le Prince Vice-Roi avait reçu du débarquement de l'ennemi, il avait détaché le major Merdier, du 42ᵉ. de ligne avec un bataillon de son régiment et un du 1ᵉʳ. étranger, pour couvrir Ferrare, ou le reprendre en cas que l'ennemi y fût déjà.

Le 22, les Autrichiens firent mine de tenter le passage de l'Adige à Ronco. La brigade Jeanin, de la division Marcognet, reçut ordre de se rendre à Isola Porcarizza, en seconde ligne de la brigade Deconchy. Mais le Prince s'étant aperçu que ce mouvement n'était qu'une démonstration tendante à couvrir celui qui s'opérait sur le bas Adige, se décida à y envoyer des troupes. Le général Deconchy avec la 29ᵉ. demi brigade provisoire et le 3ᵉ. de chasseurs Italiens, reçut l'ordre de se rendre à Trecenta et Ferrare.

Le 25, la colone du major Merdier étant

rrivée à Malabergo, le général Pino, qui commandait la 4e. division à Bologne, vint le joindre. Le 26, le major Merdier, alors sous les ordres de ce général, attaqua l'ennemi, et le culbuta jusqu'à la ville devant laquelle il fut arrêté par le feu des remparts. La perte de l'ennemi fut d'une soixantaine de morts et de 100 prisonniers. Dans la nuit le général Nugent évacua la ville où les troupes du major Merdier entrèrent le 27 (1). Le 26, les chasseurs de la colone du général Deconchy surprirent les avant-postes de l'ennemi près de Occhiobello, sur le Pô.

Le 27, à la pointe du jour, le Prince Vice-Roi fit sortir de Legnago, sous les ordres du général Mermet, une forte reconnaissance d'infanterie et de cavalerie, soutenue par un bataillon du 53e. de ligne et un du 2e. étranger. Cette reconnaissance, faite en la présence de S. A. I. qu'une balle atteignit à la cuisse, poussa tous les postes ennemis jusqu'à Bevilacqua, et rentra le même jour avec 75 prisonniers.

Vers ce même temps, le Prince Vice-Roi reçut du général Miollis, gouverneur de Rome,

Mouvement des Napolitains.

---

(1) Le général Pino dit, dans son rapport au Prince Vice-Roi, que c'est au major Merdier qu'était du le succès de la journée, et qu'il méritait de l'avancement.

l'itinéraire d'un corps de troupes Napolitaines qui se dirigeait vers la Haute-Italie, était-il dit. La 1re. division commandée par le lieutenant-général Carascosa, forte de quatre régimens (8 bataillons) d'infanterie, deux de cavalerie et huit bouches à feu, devait arriver à Rome du 25 novembre au 2 décembre. Cette division devait être suivie par cinq bataillons et huit escadrons de la garde, aux ordres du lieutenant-général Millet. La 2e. division commandée par le lieutenant-général d'Ambrosio, forte de neuf bataillons, devait arriver à Ancône du 2 au 4 décembre. Quoique le Roi de Naples méditât dès-lors sa défection, et qu'il fut déjà en négociation avec les ennemis de la France, il ne cessait pas de protester de sa fidélité à remplir ses engagemens. Rien d'officiel ne transpirait contre lui, et l'empereur Napoléon même paraissait trompé. Il demanda que la libre disposition des magasins de vivres et de munitions fut accordée à ses troupes, dans les places dépendantes du royaume d'Italie, et il n'y avait point de motif qui put faire refuser cette demande.

Le mouvement eut en effet lieu ainsi qu'il avait été annoncé, et les premières troupes Napolitaines arrivèrent à Rome, vers la fin de novembre. Mais non - seulement il y arriva

une division de plus, qui était la 3°. de huit
bataillons, aux ordres du lieutenant-général
Pignatelli Cuchiara; mais le passage dura pendant tout le mois de décembre. Le Roi de
Naples qui voulait attendre l'issue de ses négociations avec les alliés avant de faire un
mouvement décisif, laissa d'assez longs inter-
valles entre la marche des différentes colones;
en outre, d'après les instructions qu'il leur
donna, les généraux trouvèrent toujours des
prétextes pour prolonger le séjour de leur
troupes dans chaque endroit.

La 1re. et la 3°. division et la garde royale
passèrent par Rome. La 3°. division resta dans
cette ville. La 1re. division et la garde se diri-
gèrent en partie sur Ancone, par Macerata,
partie sur Fano, par le Furlo, et le restant sur
Florence, par Viterbe. La 2°. division traversa
les Abruzzes, et marcha directement sur Ancône. Ces quatre corps formaient un total de
30 bataillons et 16 escadrons au grand complet, ayant à leur suite 50 bouches à feu.

La force des troupes Françaises dans la 30°.
division militaire ne montait à cette époque
qu'à 4,000 hommes, dont 2,500 combattans,
et se composaient des cadres des 3°. et 4°. bataillons, du 6°. de ligne, des dépôts des 14°.
et 22°. légers et du 2°. étranger, un batail-

lon de volontaires Romains, une compagnie d'artillerie, trois de gendarmerie et, deux de gardes - côtes. Ces troupes étaient à Civita Vecchia, au château Saint-Ange et sur le Littoral.

Le 27 novembre, le général Deconchy occupa Fratta et Villanova, sur le Scortico, envoyant des reconnaissances sur Rovigo, et se liant par Lendinara avec le poste de Badia. Ce général ayant reçu l'avis dans la nuit du 27 au 28, que l'ennemi avait fait occuper une île sur l'Adige, entre Badia et Masi, et qu'il y réunissait des bateaux, fit renforcer la garnison de Badia par deux compagnies de voltigeurs, du 102e. régiment, et se porta avec sa colone sur Lendinara, pour observer l'ennemi. Les reconnaissances qu'il avait envoyées vers Rovigo, et ses émissaires lui annoncèrent alors qu'un corps Autrichien, dépendant de celui du blocus de Venise, s'était porté à Boara, et paraissait y vouloir passer l'Adige. L'obscurité d'une nuit pluvieuse l'empêcha de partir sur-le-champ. Il se mit en marche le 29 au matin, mais ayant trouvé à son arrivée les Autrichiens en forces supérieures à Boara, il fut obligé de se replier à Fratta et Villanova. Le 30, il se retira à Trecenta, pour y attendre les renforts et l'artillerie qu'il avait demandée.

Le

Le lendemain il reçut un bataillon du 106e.
de ligne, et deux canons.

Cependant la colone du général Nugent, Décemb. 1813.
qui avait passé l'Adige à Boara, s'était dirigée
sur Crespino pour y passer le Pô, et n'avait
rien laissé à Rovigo. Le 1er décembre au soir,
le général Deconchy voulant couper la communication entre le corps du général Nugent
et celui du général Marschall, se décida à
marcher à Rovigo et à Boara. L'ennemi venait de passer l'Adige sur ce dernier point,
le général Deconchy résolut de l'attaquer,
et de le forcer à repasser le fleuve. Le 2, il
vint à Fratta; les reconnaissances qu'il poussa
en avant ne trouvèrent aucun ennemi à Lendinara, à Villanova, et à Costa. Le 3, à sept
heures du matin, il se mit en marche dans la
direction de Rovigo, par les deux rives de
l'Adigetto, en passant par Villanova et par
Costa; des détachemens de chasseurs à cheval éclairaient l'Adige et le Canal blanc. Bientôt le général Deconchy rencontra l'ennemi.

Affaire de Rovigo. Le 3 décemb.

Dans la nuit le général Marschall avait placé
le régiment d'infanterie de Benjowski en échelons sur l'Adigetto, un bataillon à Lendinara,
un à Villanova, un à Costa et un à Rover-
dière. Les trois derniers bataillons furent successivement enlevés par le général Decon-

7

chy, qui n'avait avec lui que deux bataillons
et deux escadrons. La ville de Rovigo fut prise,
et l'ennemi chassé en désordre au-delà de
l'Adige. Le bataillon ennemi qui était à Lendinara et qui aurait pu inquiéter les derrières
du général Deconchy, se trouva en présence
de deux compagnies du 106ᵉ de ligne, qui le
continrent. Ces deux compagnies étaient parties de Badia, pour rejoindre le général Deconchy à Villanova. Cependant, ce général
qui n'ignorait pas qu'il y avait un bataillon
ennemi à Lendinara, mais qui ne pouvait
pas diviser sa colone, déjà inférieure aux
troupes qu'il allait attaquer, avait laissé un
demi-bataillon du 106ᵉ à Villanova, afin de
se garder et d'assurer sa retraite sur Trecenta. Cette même faiblesse relative de la colone qu'il avait avec lui et qui n'excédait
pas de beaucoup les prisonniers qu'il avait
fait, l'obligea à se replier le même soir sur
Fratta et Villanova. La perte de l'ennemi
monta à 400 hommes hors de combat et 900
prisonniers, dont un major et 12 officiers
des régimens de Tipschitz hussard, quelques
chasseurs tyroliens et de Benjowski infanterie,
arrivé tout récemment d'Allemagne. Il avait
joint l'armée le 18 novembre, et s'était trouvé
le 19 au combat de St.-Martin, où il perdit

près de 1000 hommes. La notre fut de 13 morts et 35 blessés.

Toutes les troupes de cette expédition se firent le plus grand honneur, notamment les grenadiers et voltigeurs des 20ᵉ et 101ᵉ régimens d'infanterie de ligne, et le 3ᵉ régiment de chasseurs à cheval Italien. Le Prince se plut à dire dans sa justice, que ce succès était du aux bonnes dispositions prises par le général Deconchy, à l'ardeur et à la décision que les troupes montrèrent dans l'attaque. Ce général rendit le compte le plus flatteur de la conduite du colonel Rambourg, commandant le 3ᵉ de chasseurs à cheval Italien, du chef d'escadron Boutarel, du capitaine Scanatti, du même régiment, et du lieutenant de grenadiers Marchant, du 20ᵉ de ligne, qui ajoutait-t-il, fit preuve de la plus brillante bravoure. Il cita aussi plusieurs autres officiers, entr'autres du 3ᵉ de chasseurs Italien, comme s'étant égalemnt distingués (1).

Le Prince Vice-Roi jugeant que le but des manœuvres de l'ennemi sur le Bas-Adige était

---

(1) Les capitaines Bataille et Martin. — Les lieutenans Venturini, Polverani, Pini et Colli. — Les brigadiers Boglietti et Badoski, de la compagnie d'élite. — Le trompette major Giroldi.

de pousser le corps du général Nugent dans la Romagne, et de maintenir la communication entre lui et le corps du général Marschall, se décida à faire marcher une division sur ce point (Bas-Adige); mais l'attention de l'ennemi était trop sérieusement portée sur les mouvemens qu'il faisait vers Rovigo et Ferrare. Ils n'étaient que le résultat des pourparlers qu'il savait alors exister entre les Autrichiens et le Roi de Naples; si ces négociations réussissaient, c'était par-là qu'ils devaient s'unir aux Napolitains; si, au contraire, elles manquaient, le libre passage de l'Adige et du Pô leur était nécessaire pour assurer la retraite du général Nugent. La Brigade Campi fut envoyée à St.-Michel pour relever la brigade Schmitz, et celle-ci vint prendre poste à Ronco. La division Marcognet se mit alors en mouvement vers le Bas-Adige. Le 6, elle prit position entre Lendinara et l'Adige, appuyant sa gauche à Rotta Sabadina, et liant sa droite par des postes avec le général De-

Affaire de
Boara.
Le 6 décemb. conchy, à Villanova. Le 8, le général Marcognet ayant laissé en réserve à Lendinara un bataillon du 106e de ligne, se porta en avant sur trois colones. Celle de gauche fut dirigée vers Concadirame, celle du centre par la rive gauche de l'Adigetto; le général

Deconchy, qui formait la colonne de droite,
marcha par la rive droite du même canal. La
colone de gauche arrivée à Concadirame,
se trouva fortement engagée avec l'ennemi ;
le général Jeanin fut même repoussé. Mais
la colone du centre qui était alors à sa hauteur, lui ayant envoyé un bataillon du 53ᵉ de
ligne, le combat se soutint sur ce point autant
que le général Marcognet en put juger par
les feux, un épais brouillard empêchant de
distinguer les objets. Les généraux Marcognet
et Deconchy continuèrent leur marche et
forcèrent la gauche de l'ennemi à rentrer dans
la tête de pont qu'il avait construite à Boara-
Polesina. Mais vers les dix heures du soir, les
Autrichiens reçurent des renforts. Ils firent
alors une vigoureuse sortie de la tête de pont,
et ayant en même temps repris l'offensive à
Concadirame , le général Marcognet se vit
forcé à la retraite , et le 9, il reprit position à
Villanova et Fratta , appuyant sa gauche à
Rotta Sabadina. Le 53ᵉ de ligne souffrit beaucoup à cette affaire , et son brave colonel
Grosbon y fut blessé. Le général Marcognet
continuant sa retraite , prit position le 10 à
Trecceuta , Ceuda , Salvaterra et Lendinara,
après avoir éprouvé les plus grands obstacles
dans les deux journées précédentes. Le 11,

d'après les ordres du Prince Vice-Roi , cette division se replia en arrière du Castagnaro, sa gauche à Villa Bartolomea, et sa droite à Treceuta; on fit une tête de pont à la Ratta.

Affaire d'E-dolo.
Le 7 décemb.

Pendant que ceci se passait à la droite, une colone Autrichienne venant du Tyrol avait passé le Mont-Tonal, et marchait sur Edolo, se dirigeant sur Brescia par le Val Camonica. Cette colone fut attaquée le 7 par un bataillon du 16e de ligne (25e demi-brigade provisoire) de la brigade Gifflenga , et par un petit corps de troupes Italiennes venu de la Valteline, sous les ordres du colonel Neri, qui se distingua. L'ennemi fut battu et repoussé au-delà des montagnes , ayant perdu beaucoup de monde , tués , blessés ou égarés dans les neiges , 100 prisonniers, ses bagages et ses munitions.

Après le combat de Boara, le général Nugent voyant les communications assurées marcha sur Ravenne et poussa des postes vers Forli. De Ravenne, le 10 décembre, ce général adressa une proclamation aux peuples d'Italie, remplie des plus brillantes promesses, qui leur assurait le souverain bonheur sous le gouvernement de la maison d'Autriche. Pendant la campagne de 1813, les proclamations étaient devenues à la mode, et s'y sont conservées

(103)

même long-temps après, malgré le ridicule
que leur donnait les exagérations et l'incon-
venance de la plupart. Anglais, Russes, Prussiens, Autrichiens, généraux, officiers, sous-
officiers, commissaires de police, tout le monde
s'en mêlait et faisait placarder tant sur les po-
teaux, plantés au croisé des routes, qu'aux
murs d'une cabane, ou à la porte d'un palais,
sa sollicitude pour le genre humain, et l'engagement qu'il prenait de rendre les peuples
heureux.

Les différens mouvemens de l'ennemi, le
retard des troupes Napolitaines ; et peut-être
l'incertitude des véritables intentions du Roi
de Naples, obligèrent le Prince Vice-Roi à
jetter les yeux sur la rive droite du Pô. Il ordonna en conséquence la construction d'un
pont à Borgo Forte, et fit armer le fort de
Plaisance.

Le 5 décembre, la place de Zara (Dalmatie) Prise de Zara.
après un mois d'attaques préliminaires de
siége, et de bombardement effectué, et par
suite de l'insurrection d'un bataillon Croate,
fort de 900 hommes, qui composait la majeure
partie de la garnison, et qu'il fallut consentir
à faire sortir de la place, capitula et se rendit ;
avec condition de ne servir qu'après échange,
au général Tamassich, commandant les troupes

(104)

Autrichiennes en Dalmatie, et au capitaine de
frégate Cadogan , commandant une division
maritime de S. M. B. Tous les honneurs militaires furent accordés à la garnison, réduite
alors à 840 hommes, y compris même les
200 marins Illyriens qui fesaient partie de l'é-
quipage des 17 batimens, réduits à 11 , des
deux flotilles d'Albanie et de Dalmatie, commandées par les capitaines de frégate de la
Chadeneda et de Taulignau. Ces 200 marins,
comme tous les Dalmates qui avaient servie
dans la défense de la place , rentrèrent chez
eux. Les troupes Italiennes , 73 gendarmes, et
45 canonniers Français, furent conduits, par
la voïe de terre, à l'armée d'Italie sur l'Adige.

A Venise, la désertion fomentée parmi les
troupes Italiennes, par les manifestes de l'ennemi, commença à se faire fortement sentir.
Le 2, l'ennemi tenta de surprendre la redoute
de Triporte, et fut repoussé. Le 12, le général
ral Dupeyroux fit faire une sortie de Chioggia,
par un détachement de deux compagnies de
la garde de Venise, 40 douaniers et 60 marins sous les ordres du lieutenant de vaisseau
St.-Priest. Cette sortie fut repoussée avec perte
de quelques hommes parmi lesquels l'enseigne
D'heureux blessé mortellement.

Le 13, la garnison de Cavanella fit une sortie, détruisit les retranchemens de l'ennemi, et lui enleva 8 hommes dont un officier. Ce petit succès fut du en partie à deux bateaux canonniers qui tournèrent les retranchemens.

Le 14, l'ennemi dirigea une forte reconnaissance vers la redoute de Treporti, mais quoique soutenue par des bateaux armés longeant le canal de Pordelio, elle fut repoussée avec perte.

A cette époque l'ennemi resserra tellement le blocus de Venise, que toute communication avec le continent devint impossible.

Le 19, le Prince Vice-Roi n'ayant laissé à Castagnaro que le général Deconchy, avec deux bataillons du 106ᵉ de ligne et un du 36ᵉ léger, fit porter la division Marcognet à Roverchiaro. La division Rouyer appuya sur Vérone, ayant la brigade Schmitz à Ronco. Le 24, environ 5,000 Autrichiens attaquèrent le général Deconchy à Castagnaro. Ils furent repoussés avec perte d'environ 400 hommes hors de combat, la notre fut de 10 morts et 100 blessés, parmi les premiers se trouvait le capitaine Martinet, des voltigeurs du 106ᵉ, vivement regretté.

Affaire de Castagnaro. Le 24 décemb.

Ce combat fit beaucoup d'honneur aux troupes qui y prirent part, et au général qui les commandait, et qui désigna comme ayant

donné des preuves de talens et de courage,
le colonel Poudret de Sevret, du 106ᵉ régiment, et le chef de bataillon, du 36ᵉ léger.
Le sergent de grenadiers Fovonel, du 106ᵉ
régiment, se fit remarquer par son intrépidité, il reçut trois coup de feu sans quitter sa
compagnie.

Apès cette affaire la division Marcognet s'approcha de Castagnaro, où elle envoya un bataillon de renfort, et la brigade Schmitz se
rapprocha de Legnago.

Le 25, un bataillon du 53ᵉ régiment et le 5ᵉ
du 1ᵉʳ étranger, qui se trouvaient à Forli,
avec deux canons, furent attaqués par le général Nugent, avec des forces très-supérieures.
Ces deux bataillons furent presque entièrement
détruits ou dispersés. A la même époque, la
tête des troupes Napolitaines arriva à Rimini et
à Imola. Les Autrichiens occupaient Césène et
Faenza, sans être inquiétés par les premiers qui
se disaient pourtant encore nos alliés. Mais
ils refusèrent de concourir à une expédition
sur Ravenne, sous prétexte d'une armistice
avec les Autrichiens, et parce que, disaient
les généraux, ils ne pouvaient agir sans ordre
du Roi. Cette réponse faite par le général Filangieri au commandant de Forli, et au général commandant à Bologne; les inquiétudes

que témoignait le général Barbou, sur la place d'Ancône, où les Napolitains s'étaient introduits à la faveur de leur alliance et des ordres du gouvernement; tout contribua à obliger le Prince Vice-Roi à des mesures de précaution. La conduite plus qu'équivoque des Napolitains à notre égard, les exigeait impérativement. Le 30 décembre, la brigade Napolitaine du général Filangieri venant de la Toscane, entra à Bologne. Le général Fontane, qui y commandait, fit partir pour Milan et Mantoue les troupes et les dépôts qui s'y trouvaient.

Vers la fin du mois, les troupes Italiennes qui étaient en Espagne étant rentrées, et les divers corps de l'armée ayant reçu un assez grand nombre de conscrits, armés, habillés, équipés, et assez bien instruits au dépôt d'Alexandrie, le Prince Vice-Roi réorganisa son armée en 6 divisions de la manière, suivante:

5ᵉ ORGANISATION.

1ʳᵉ. Lieutenance, le Lieutenant-Général GRENIER.

2ᵉ Division, Général ROUYER.

Général de brigade, SCHMITZ.
- 9ᵉ de ligne. . . . . 3 batail.
- 28ᵉ 1/2 brigade. . . .
  - 52ᵉ de ligne . . 1 *id.*
  - 67ᵉ *id.* . . . . 1 *id.*

Général de brigade, DARNAUD.
- 35ᵉ de ligne. . . . . 3 *id.*
- 1ᵉʳ étranger. . . . . 3 *id.*

Force, 6,956 hommes, et 12 bouches à feu.

4ᵉ Division , Général MARCOGNET.

Général de brigade, JEANIN.
- 29ᵉ 1/2 brig. provᵣᵉ
  - 6ᵉ de ligne . 1 batail.
  - 20ᵉ id. . . 1 id.
  - 101ᵉ id. . . 1 id.
- 31ᵉ 1/2 brig. provᵣᵉ
  - 131ᵉ id. . . 1 id.
  - 132ᵉ id. . . 1 id.

Général de brigade, DECONCHY.
- 36ᵉ léger. . . . . 1 id.
- 102ᵉ de ligne . . . . 2 id.
- 106ᵉ id. . . . . 2 id.

Force, 6,257 hommes, et 12 bouches à feu.

6ᵉ Division , Général ZUCCHI.

Général de brigade, ST. PAUL
- 1ᵉʳ léger Italien. . . . . 2 batail.
- 2ᵉ id. , ... 2 id.
- Volontaire id. . . . . 2 id.

Général de brigade PAOLUCCI.
- 1ᵉ de ligne. . . . . 2 id.
- 5ᵉ id. . . . . , ... 2 id.

Force, 3,383 hommes, et 6 bouches à feu.

2ᵉ Lieutenance , le général VERDIER.

1ʳᵉ Division , Général QUESNEL.

Général de brigade, CAMPI.
- 92ᵉ de ligne. . . . . 3 batail.
- 30ᵉ 1/2 brig. provᵣᵉ
  - 1ᵉʳ léger . . . 1 id.
  - 14ᵉ id. . . . 1 id.
  - 10ᵉ de ligne. . 1 id.

Général de brigade, FORESTIER.
- 35ᵉ léger. . . . . 1 id.
- 84ᵉ de ligne. . . . . 3 id.

Force, 7,384 hommes, et 12 bouches à feu.

3ᵉ Division , Général FRESSINET.

Adjud.-Command. , MONFALCON.
- 25ᵉ 1/2 brig. provᵣᵉ
  - 1ᵉʳ de ligne. . 1 batail.
  - 16ᵉ id. . . . 1 id.
  - 62ᵉ id. . . . 2 id.
- 42ᵉ de ligne. . . . . 2 id.

Général de brigade, PEGOT.
- 7ᵉ id. . . . . 1 id.
- 53ᵉ id. . . . . 3 id.

Force , 5,529 hommes, et 8 bouches à feu.

5ᵉ Division , Général PALOMBINI.

Général de brigade, RUGGIERI.
- 3ᵉ léger Italien. . . . . 2 batail.
- 2ᵉ id. . . . . 3 id.

Général de brigade, GALIMBERTI.
{ 3e de ligne Italien. . . . . 3 *id.*
{ 6e   *id.* . . . . 1 *id.*
{ Gardes de Milan. . . . . 1 *id.*

Force, 5,355 hommes, et 8 bouches à feu.

Cavalerie. Général MERMET.

Général de brigade, RAMBOURG.
{ 3e chasseurs Italien. . . . . 4 escad
{ 19e *id.* Français. . . . . 2 *id.*

Général de brigade, BONNEMAINS.
{ 4e chasseurs Italien. . . . . 2 *id.* .
{ 31e *id.* Français. . . . . 3 1/2 *id.*

Général de Brigade, PERREYMOND.
{ 1er hussards français. . . . . 4 *id.*
{ Dragons de la Réserve. . . . . . . 3 *id.*

Force, 3,010 hommes, et 6 bouches à feu.

Réserve, Général LECHI.

Garde Royale. . . . .
{ Une compagnie de Gardes d'honneur.
{ Vélites royaux. . . . . 1 escad.
{ Grenadiers *id.* . . . . 1 *id.*
{ Chasseurs à pied. . . . . 2 *id.*

Force, 3,148 hommes, et 12 bouches à feu.

La première lieutenance avait son quartier-général à Isola-Porcarizza ; la 2e division occupait Vallese et Isola-Porcarizza ; la 4e Legnago et Castagnaro ; la 6e division Mantoue.

La 2e lieutenance avait son quartier-général à Vérone ; la 2e division occupait Veronette et St.-Michel ; la 3e Vérone ; la 5e Caprino, Rivoli et Bussolengo.

La cavalerie occupait Vigo, St.-Giovanni, Lupotolo et Bavolone.

La garde royale occupait Vérone et Villa-Franca.

Le quartier-général était à Vérone.

La réserve d'artillerie, avec 14 bouches à feu était à Valeggio.

Le grand parc d'artillerie, avec le matériel conservé, était à Mantoue. Le matériel excédent avait été envoyé à Alexandrie.

Janvier 1814. Pendant les premiers jours du mois de janvier, l'armée d'Italie se maintint dans la ligne de l'Adige, depuis le Montebaldo jusqu'à Castagnaro. Les Napolitains se réunissaient dans les départemens du Reno, du Rubicon et du Bas-Pô. Ils occupaient la ville d'Ancône, et ils avaient même essayé de s'introduire dans la citadelle, mais le général Barbou n'y voulut pas consentir.

Siége de Venise. A Venise, les froids causèrent de nombreuses maladies parmi les troupes qui gardaient les lagunes. Le 6, une reconnaissance de la place détruisit les retranchemens ennemis de l'île de Treporti. Le 7, la garnison de la Cavanella en fit également une, et élargit un peu la ligne du blocus. Le 15, le général Dupeyroux essaya avec un détachement de 300 hommes et 4 chaloupes canonnières, de chasser l'ennemi de la tour de Bébbée, où il s'était retranché; mais il ne put y réussir. Le fort de Grado, à l'embouchure de l'Isonzo, se trouvant dépourvu de vivres, la garnison et les batimens de guerre qui y étaient rentrèrent à

Venise le 19. Le 27, le général Schilt fit une sortie de Malghera, et enleva les retranche-mens de l'ennemi qui fut poussé jusqu'à Mestre. Une sortie faite le même jour de Chioggia, y ramena une cinquantaine de bœufs. Dans le courant de ce mois, les croiseurs Français et Italiens ramenèrent à Venise quelques bateaux chargés de grains et de vivres. Le 1er février, la flotille qui était à Ancône rentra à Venise.

Le 16 janvier, l'officier-général du Roi de Naples, qui commandait à Rome un corps de 5000 hommes, se déclara commandant supérieur des États – Romains, et prit pos-session du pays. Les postes Français furent relevés par des troupes Napolitaines, et les troupes Françaises qui se trouvaient près du général Miollis se retirèrent avec leur com-mandant au château St.-Ange. Les troupes postés à la gauche du Tibre et dans le dépar-tement de Thrasymène, furent dirigées sur la Toscane. Cependant la garnison du chateau St.-Ange fut bloquée par les Napolitains dès le 20 ; elle comptait 1800 hommes, parmi les-quels il n'y avait que 1000 combattans. Le gé-néral Miollis surpris par la brusque déclaration des Napolitains, ne fut pas à temps de com-pleter l'approvisionnement de ce fort ; il n'a-vait que 15 bœufs et du bled en grains. Il fallut

Affaire de Rome.

Blocus du château St.-Ange,

faire distribuer de la viande de cheval, et faire construire des moulins à bras.

La garnison de Civita-Vecchia, commandée par le général Lasalcette, était composé de 1,400 hommes, dont 1,000 combattans. Les Napolitains n'ayant commencé le blocus de cette place que vers le 27, le général Lasalcette profita de ce retard pour se procurer des vivres qu'il eut bientôt en abondance, tant pour la garnison que pour 800 forçats qui étaient au bagne, et l'aidèrent beaucoup pour les travaux de la place.

Pendant que les Napolitains bloquaient ces deux places, et se rendaient maîtres de la presque totalité des Etats Romains, ils avaient commencé le siége de la citadelle d'Ancône, où le général Barbou s'était renfermé. Les hostilités n'étaient pas encore commencées dans la Haute-Italie, mais le Roi de Naples qui avait 9,000 hommes d'infanterie et 4,000 chevaux à Bologne, fit occuper Modène, Ferrare et Cento.

Alors, le Prince Vice-Roi ordonna au général Gratien qui réunissait à Alexandrie la première division de l'armée de réserve d'Italie, de se rendre à Plaisance. Cette division était cependant loin d'être complette, et à son arrivée à Plaisance, le 28 janvier, elle ne comptait

comptait que 5,3oo combattans à peine armés.

A cette même époque, le Prince Camille Borghèse, gouverneur général de la France Transalpine, apprit que les Anglais préparaient une expédition en Sicile, pour s'emparer de Livourne, et attaquer Gênes. Il ordonna en conséquence au général de division Fresia d'aller prendre le commandement supérieur de cette dernière place et du littoral, en remplacement du général Montchoisy, qui était malade. Le général Fresia se trouvait alors à Turin, occupé à organiser une division de l'armée de réserve, dont il devait prendre le commandement.

A son arrivée à Gênes, le général Fresia vit bientôt qu'il n'avait pas assez de troupes pour défendre un littoral aussi étendu, ni même d'approvisionnemens pour soutenir un long siége. Il réclama auprès du Prince Camille, mais il est probable que les circonstances ne permirent pas d'avoir égard à ses observations. Le général Fresia ne trouva dans tout son commandement que 4,5oo combattans qui étaient répartis à la Spezia, Bardi, Gavi, Borgo di val Taro, Pontremoli, Gênes, Savone, et le long de la côte. Le manque de fonds avait singulièrement ralenti les travaux des forts de Quezzi, Ste. Thecle, Richelieu et autres, de la défense de Gênes et du littoral. Ces forts, ainsi que celui de Ste.-Marie, élevés pour la défense du Golphe de la Spezia, ne se trouvaient pas à l'abri d'un coup de main, en sorte que le général Fresia crut nécessaire de faire enlever la plus grande partie du matériel et des munitions qui se trouvaient en quantités considérables au fort Ste.-Marie. Quarante-quatre pièces d'artillerie, en bronze, furent transportées à Gênes. Quelques fonds que fit le prince Camille furent employés à la réparation du fort et des redoutes de la Spézia, et à celle des forts de l'Éperon et du Diamant, à Gênes.

La défense de la ville de la Spézia, étant subordonnée à celle de Borgo di val Taro et de Pontremoli, dont la perte était à craindre, le général de brigade Rouyer St.-Victor, qui commandait les troupes de la rivière du levant, les réunit derrière la Magra, et se disposa à défendre le passage de cette rivière.

La conduite constamment équivoque du Roi de Naples, et les mouvemens de ses troupes qui s'avançaient toujours vers Parme, ne laissaient plus lieu à douter de sa défection. La déclaration de guerre pouvait arriver d'un instant à l'autre, et semblait n'attendre, pour paraître, que le moment où les troupes Napolitaines auraient pris la position que le Roi jugeait nécessaire pour faire, sans danger, sa jonction avec les Autrichiens. Dans cette position critique, il était impossible que l'armée d'Italie continuât à garder la ligne de l'Adige, ayant les Napolitains derrière son aile droite. Le Prince Vice-Roi fit donc, à la fin du mois de janvier, ses dispositions pour reployer l'armée derrière le Mincio.

A la même époque, on apprit par les rapports du général Montrichard, commandant la 2e. division militaire des provinces Illyriennes, que Cattaro avait capitulé le 6 décembre, et Raguse, le 28.

Les garnisons de ces deux places, qui ne se composaient, pour ce qui concernait l'infanterie, que de troupes Italiennes, du 4.e régiment d'infanterie légère et de quelques centaines de Croates, sur lesquels on ne pouvait compter, se trouvaient alors réduites, la première, à 200 hommes du 3.e bataillon de ce régiment, et à dix canonniers seulement, pour servir 65 bouches à feu. La seconde, à 360 hommes du 4.e bataillon, 50 canonniers du 2.e régiment d'artillerie à pied, et 22 gendarmes Français, à quelques canonniers gardes-côtes et à des volontaires organisés en compagnie, qui, comme la garde nationale, abandonnaient journellement leurs drapeaux.

A Cattaro, le général Gauthier, qui y commandait, trahi par quelques individus et abandonné par la majeure partie de ses troupes, après un blocus de trois mois et demi, un bombardement de dix jours, et après avoir épuisé toutes ses ressources et tous ses moyens pour prolonger la défense de cette place, fut obligé de céder et de la remettre, par suite d'une honorable capitulation, au capitaine de vaisseau Anglais Hoste, commandant les forces navales de S. M. Britannique.

Le général Montrichard, à Raguse, fut de même contraint, vingt-deux jours après, de remettre cette place, également par suite d'une honorable capitulation, aux troupes Autrichiennes et Anglaises, sous le commandement du général-major Autrichien Milatinovich (Croate), et du capitaine de vaisseau Hoste, commandant les forces navales britanniques, dans toute cette partie de l'Adriatique, qui faisaient le siége de Raguse. Il est à remarquer que ce ne fut qu'après quatre mois de communication interrompue avec l'armée d'Italie, trois mois d'insurrection de la province de Raguse, cinquante-sept jours de blocus, la désertion des Croates et des canonniers gardes-côtes, la défection de la garde nationale et des volontaires, six jours de bombardement, et deux jours de révolte des habitans contre la garnison, que le général Montrichard se détermina à capituler pour la reddition de cette place qu'il ne pouvait plus défendre.

Il fut stipulé dans l'une et l'autre des deux capitulations, que les troupes auxquelles tous les honneurs de la guerre étaient accordés, seraient transportées par mer aux frais des alliés, dans un des ports d'Italie, et considérées comme prisonnières de guerre jusqu'à leur échange. Les troupes de la garnison de Cattaro, furent en effet transportées à Ancône, mais celles de Raguse furent dirigées par la voie de terre, et arrivèrent à l'armée d'Italie sur l'Adige, par le Tyrol.

Le 1.er février, une proclamation annonça à l'armée d'Italie l'état de guerre où on allait se trouver avec les Napolitains et le mouvement rétrograde qui en était le résultat. Ce n'est pas que le Roi de Naples en eût fait la déclaration formelle, mais l'existence du traité qu'il avait conclu le 11 janvier avec l'Autriche commençait à être connue.

Le 3, le mouvement rétrograde de l'armée d'Italie commença. La 1.re et la 2.e divisions res-

tèrent en rideau sur le bord de l'Adige. Les
3.ᵉ, 4.ᵉ et 6.ᵉ, avec la garde royale, se portèrent
sur le Mincio. La 5.ᵉ division vint à Castelnovo,
laissant, pendant la journée, la ligne de ses
postes à Rivoli et à la Corona. Le 4, l'armée se
rendit dans les nouveaux emplacemens qui lui
avaient été destinés sur la nouvelle ligne. Le
général Bonnemains qui était depuis le 17 à Zevio, avec sa brigade, fut chargé de l'évacuation
de Vérone et du commandement de l'arrière-
garde; on ajouta, pour cet effet, deux bataillons d'infanterie de la 1.ʳᵉ division à sa brigade de cavalerie. Il prit position, le 4, à Villa-
franca, ayant sa réserve à Mozzacane. Le même
soir, il battit une avant-garde ennemie de 6 bataillons et six escadrons, sous les ordres du
général Stefanini, qui fut repoussé à une lieue
en arrière de Villafranca avec perte de quelques hommes faits prisonniers.

Affaire de Villafranca. Le 4 février.

Notre perte fut de 5 hommes tués et de
25 blessés.

Le 3.ᵉ bataillon du 1.ᵉʳ régiment d'infanterie
légère, commandé par son chef Santolini,
contribua beaucoup à l'avantage remporté sur
l'ennemi. Le colonel Desmichel, le chef d'escadron d'Espinchal, le lieutenant Audibert, le
sous-lieutenant Dubourdieu, et le maréchal-des-
logis Xonal du 31.ᵉ de chasseurs à cheval ren-

dirént aussi des services signalés, ainsi que le capitaine Séréville, aide-de-camp du général Bonnemains, qui fut blessé.

Plusieurs officiers, sous-officiers et soldats du 1.er régiment d'infanterie légère se distinguèrent également (1).

L'armée Autrichienne ayant passé l'Adige, le 4, se déploya de suite à la rive gauche du Mincio. Ce déployement donna lieu à quelques rectifications dans le placement de l'armée d'Italie. Le 7, elle occupa les positions suivantes : la 1.re lieutenance, la division Rouyer à Mantoue, ayant deux bataillons à Borgoforte. La division Marcognet à Bozzolo et dans les environs. La division Zucchi à Mantoue, ayant deux bataillons à Governolo et Borgoforte.

Deuxième lieutenance. La division Quesnel à Goito et aux environs. La division Fressinet à Borghetto, Volta et en face de Pozzolo. La division Palombini à Peschiera et Monzambano.

---

(1) Les lieutenans Danane, Massare et Habon. — L'adjudant sous-officier Quentat. — Les sergens Lamarque, Lacroix, Halard, Genetier et La Cuirc. — Les carabiniers Michot et Martin. — Le chasseur Castagnolet.

La cavalerie. La 1.re brigade à Mantoue ; la 2.e en arrière de Goito ; la 3.e à Rivalta, Sarginesco et Castellucchio.

La garde-royale et le quartier-général à Mantoue.

Le Prince Vice-Roi s'appercevant que l'armée Autrichienne paraissait vouloir le serrer de près, pensa qu'il fallait chercher à s'en dégager, et en conséquence il prit des mesures pour faire passer à la droite du Pô une partie de son armée, afin de marcher d'abord contre les Napolitains, quoiqu'il n'y eût point encore, de leur part, de déclaration de guerre, et que le Roi de Naples eût désavoué un ordre du jour daté de Bologne, du 30 janvier 1814 (1). Dès le 7, il fit tous les préparatifs pour un mouvement combiné dont le but était de rejeter l'ennemi sur la ligne de l'Adige, et de paralyser ses mouvemens pendant quelque temps. Le 8 au matin, les 2.e et 4.e divisions et la garde royale débouchèrent de Mantoue, se dirigeant sur Valeggio, par Roverbella et Pozzolo. La 1.re division, avec les 2.e et 3.e bri-

*Bataille du Mincio.
Le 8 février.*

___

(1) Cet ordre du jour, commençait par ces mots : « Soldats : aussi longtemps que j'ai pu croire. » Et finissait par ceux-ci : « Guerre et deuil dans toutes les familles. »

gades de cavalerie, passèrent le pont de Goito, et vinrent par Roverbella prendre la droite de l'armée. L'avant-garde de ces trois divisions, composée du 31.ᵉ de chasseurs à cheval, des deux bataillons du 1.ᵉʳ et 14.ᵉ légers et de 4 canons fut confiée au général Bonnemains. La division Zucchi se porta dans la direction d'Isola della Scala pour contenir et observer le flanc gauche de l'ennemi. La division Fressinet se réunit sur les hauteurs en avant de Monzambano pour y passer le Mincio et suivre le mouvement de l'armée. La division Palombini devait déboucher de Peschiera, se dirigeant par les hauteurs de Cavalcassella et de Salionze, pour se réunir à la 3.ᵉ division.

Par une de ces combinaisons dont on rencontre un petit nombre d'exemples, le maréchal de Bellegarde avait décidé de passer le Mincio le même jour, à Borghetto. Les éclaireurs de l'avant-garde Française qui avaient débouché de Goito, rencontrèrent, à peu de distance, les premiers postes de cavalerie ennemie qui furent culbutés. Après le passage des ponts de Villabona, et pendant que le général Bonnemains formait ses troupes sur le plateau, deux pelotons de tirailleurs du 31.ᵉ de chasseurs firent mettre bas les armes à 150 hommes d'in-

fanterie Autrichienne, près du village de Mas-
simbona. Dans le même temps, le chef d'escadron d'Espinchal, qui éclairait la gauche avec
un escadron du même régiment, fit poser les
armes à 3oo hommes d'infanterie, dont 12 officiers, entre Maringo et Roverbella. Alors
l'avant-garde reçut l'ordre de se porter en avant
jusqu'à l'extrême droite du corps d'armée, et
de faire ensuite un changement de direction à
gauche vers Valeggio. Pendant ce mouvement,
les éclaireurs prirent une colonne de bagages
qui se rendait à Villafranca avec son escorte.

A la hauteur de Pozzolo l'ennemi fut trouvé
en position. Le général Bonnemains fit former
ses deux bataillons d'infanterie légère ayant
les quatre bouches à feu sur leur front, et
plaça le 31.ᵉ de chasseurs de manière à couvrir la droite. La canonnade s'engagea. Alors
la cavalerie Autrichienne se prépara à charger
la gauche des deux bataillons; mais le 31.ᵉ de
chasseurs, par un changement de front à gauche, empêcha ce mouvement. Les forces de
l'ennemi s'augmentant considérablement sur
la droite et sur son front, l'affaire devint
sérieuse. L'avant-garde exposée au feu de
18 pièces d'artillerie, souffrit beaucoup; le colonel Chevalier, à la suite du 31.ᵉ de chasseurs

fut tué. Cet officier supérieur venait de quitter le service du Roi de Naples.

Pendant que la droite de l'armée d'Italie exécutait ainsi son mouvement sur Valeggio, un gros corps Autrichien avait passé le Mincio à Borghetto. L'avant-garde ennemie, ayant surpris un poste Italien qui était sur ce point, se répandit dans la plaine, où elle ne trouva plus aucunes troupes de la division Fressinet qui était déjà réunie en avant de Monzambano. Cette avant-garde couvrit par son mouvement la reconstruction du pont de Borghetto. Mais ses éclaireurs ayant paru à la vue de la division Fressinet, le général Verdier établit de suite cette division en position de bataille et donna ordre à la 3.ᵉ de rentrer à Peschiéra.

Le corps principal de l'armée d'Italie ayant poussé devant lui les postes ennemis et fait quelques prisonniers, dépassa Roverbella, où la division Marcognet resta en position, couvrant les routes de Mantoue et de Valeggio. A la hauteur de Pozzolo, la partie de l'armée Autrichienne qui n'avait pas passé le Mincio fut trouvée en position et aux prises avec le général Bonnemains. Le combat s'engagea avec vigueur sur toute la ligne. Le village de Pozzolo fut enlevé, avec la plus grande bravoure, par la brigade du général Forestier, qui se trouvait sous les ordres du général Mermet, commandant la cavalerie, et l'ennemi fut obligé de retirer tous les attirails de pont qu'il avait préparés. Après sept heures d'un combat acharné, les divisions Rouyer et Quesnel couronnèrent, à la nuit, les hauteurs de Pozzolo, appuyant leur droite, à Quaderni. Pendant le combat, le 1.ᵉʳ régiment de hussards ayant mal exécuté l'ordre qui lui avait été donné de se porter à l'appui de l'avant-garde, et de charger la cavalerie Autrichienne, se laissa prévenir par cette dernière. Il fut chargé dans son déploiement et culbuté, perdit une partie de son artillerie, qui fut ensuite reprise, et eut plusieurs hussards tués, beaucoup de blessés et d'autres faits prisonniers. Le désordre se serait, sans doute, répandu sur les troupes voisines, et aurait pu avoir des suites plus fâcheuses, si le Prince Vice-Roi qui était présent, n'eût disposé en carré les deux bataillons des 1.ᵉʳ et 14.ᵉ légers, et arrêté ainsi la poursuite de l'ennemi. Le capitaine Hautz, adjoint à l'état-major, officier digne de regret, fut tué dans cette circonstance (1).

____

(1) Son frère aîné, chef de bataillon, au premier régiment étranger, qui s'était également distingué, avait déjà péri de la même manière dans cette campagne.

Pendant que la brigade Forestier attaquait Pozzolo, plusieurs carrés d'infanterie Autrichienne s'avancèrent sur notre droite, contre les troupes du général Bonnemains. Le 31.ᵉ de chasseurs, sans attendre les ordres du général, fit une charge sur cette infanterie. La charge manqua, mais le 31.ᵉ de chasseurs se replia sans désordre, sous la protection des deux bataillons des 1.ᵉʳ et 14.ᵉ légers, qui reçurent et repoussèrent les carrés Autrichiens. Alors cinq escadrons de dragons ennemis, s'étant avancés pour soutenir leur infanterie, le 31.ᵉ de chasseurs qui n'avait que 500 hommes, les chargea et les culbuta, en désordre, jusqu'à Quaderni. Cette charge coûta 150 hommes à l'ennemi.

Le succès de cette charge découvrant la gauche de l'ennemi, le décida à la retraite. Les bataillons des 1.ᵉʳ et 14.ᵉ légers le suivirent de près, et lui firent éprouver de grandes pertes. La compagnie d'artillerie à cheval Italienne du capitaine Mussita, qui avait appuyé la charge précédente, s'avança en même temps, et, par son feu, dispersa les dragons ennemis qui s'étaient ralliés à la seconde ligne et se disposaient à une nouvelle charge.

Cependant le général Verdier qui, vu le passage de l'ennemi à Borghetto, avait concentré, de suite, la division Fressinet sur les hauteurs en avant de Monzambano, avait été peu après vigoureusement attaqué. Le maréchal de Bellegarde avait fait passer environ 18 mille hommes, qui, se prolongeant toujours vers leur gauche, menaçaient de tourner la droite de la division Fressinet que les éclaireurs de l'ennemi avaient même déjà débordé (1) et de l'acculer au Mincio, tandis que la gauche, appuyée à cette rivière, était fortement pressée. Les efforts de l'ennemi furent constamment repoussés jusques vers deux heures et demie. Alors les munitions commençant à manquer, le général Verdier se vit au moment de succomber sous la masse des ennemis. Il fit, à la vérité, avancer en hâte le parc de réserve de la 5.ᵉ division, et les troupes furent de nouveau approvisionnées en cartouches. Mais le manque qu'en avaient éprouvé quelques bataillons avait déjà causé un flottement difficile à réparer, et la situation devenait, de moment en moment, plus critique, lorsque le canon des autres divisions se faisant entendre à la gauche du Mincio, à Pozzolo, ranima le courage des troupes.

___

(1) Quelques équipages, notamment partie de ceux appartenants au 31.ᵉ de chasseurs, furent même enlevés du côté de Goito.

Le général Verdier, parfaitement secondé par les généraux et les officiers supérieurs, sous ses ordres, profita de cet élan, et une dernière et vigoureuse charge, renversa l'ennemi et l'obligea à repasser le pont.

La perte de l'ennemi s'éleva, dans cette journée, à 5,000 hommes mis hors de combat, et à 3,000 prisonniers des régimens de Deutsch-meister, Reiski, de la réserve des grenadiers, des dragons de Hohenloë et autres. L'avant-garde, qui se couvrit de gloire, en fit à elle seule 800. Notre perte fut de 2,500 hommes hors de combat. Parmi les officiers, qui au corps principal se distinguèrent le plus, on cita le colonel Desmichel et le chef d'escadron d'Espinchal, du 31.e de chasseurs, les chefs de bataillons Santolini et Noel, des 1.er et 14.e légers, le capitaine Mussita et le capitaine en second Camuri, de l'artillerie à cheval Italienne.

Toutes les armes rivalisèrent de gloire et se secondèrent parfaitement.

Le Prince Vice-Roi exprima sa satisfaction aux généraux qui tous avaient dirigé leurs troupes avec une grande distinction, et exécuté les dispositions qui leur avaient été prescrites avec un ensemble remarquable et la plus parfaite précision.

Le colonel Tissot, du 92.e régiment, fut cité

par le lieutenant général Cte Grenier, commandant la 1.re lieutenance, comme ayant donné
de nouvelles preuves d'une brillante bravoure,
et l'adjudant-commandant Dupin, pour un officier d'un sang froid imperturbable et ayant
une grande habitude de la guerre. Le colonel
de Vautier, du 84.e régiment, fut aussi l'objet
des éloges de son lieutenant-général, dont le
rapport au Prince Vice-Roi fit également
mention de quelques autres officiers, sous-
officiers et soldats qui n'avaient pas moins
mérité (1).

---

(1) Le chef de bataillon Poirier, du 10.e de ligne. — Le
chef de bataillon Fournier, du 84e *idem*. — Les lieutenans Gauge et Mach, *idem*. — Les sous-lieutenans Phe-
lipeaux, Pechard, Le magny, Parmentier et Pou-
vreaud, *idem*.

Le 92.e Régiment de ligne. — Les chefs de bataillon
Guillermin et Lallemand. — Le capitaine Hérisson, commandant le 1.er bataillon. — Les capitaines Faure,
Gayral, Robert et Thomas. — Les lieutenans Dé-
clume, Duthu, Chauffart, Capella et Baudot. — Les
sous-lieutenans Tartarin, Huet, Nimes, Folin et Lo-
brot. — Le Sergent-major Montois. — Les sergens
Jacquet, Lafoy, Florentin, Bertin, Marmonier, Clément, Godot et Carret. — Le grenadier Verdet. —
Le voltigeur Bouvanet.

Le 4.e d'artillerie à pied. — Les sergens Georgeot
et Jouanin. — Le caporal Refaix. — Le maréchal-des-

Le

Le rapport officiel du général Cte Verdier, commandant la 2.e lieutenance, contenait aussi divers éloges non moins honorables, notamment à l'égard des généraux Fressinet et Mont-falcon, qui prouvèrent dans cette journée, ainsi que l'adjudant commandant Dequerelles, chef d'état-major de cette lieutenance, ce que peut la valeur contre le nombre. Ce dernier souvent employé dans les momens les plus difficiles, rendit des services réels, ainsi que les officiers d'état-major, sous ses ordres, cités avantageusement comme plusieurs autres dans le même rapport (1).

------

logis du train, Mollet. — Le brigadier Sciau, *idem.* —Le capitaine Ricard, aide-de-camp du général Quesnel. — Descombes, aide-de-camp du général Forestier. —Le capitaine Ferrey, aide-de-camp du général Campi. —Le capitaine Pontaux, adjoint à l'état-major.

Le commissaire des guerres adjoint, Boulongue, fut cité pour le zèle et l'activité qu'il mit à faire enlever du champ de bataille et soigner les blessés.

Le maréchal-des-logis de gendarmerie Pimbel, le brigadier Dazin, *idem.*

(1) Le colonel Merdier, du 53.e de ligne. —Le colonel Ercule, du 4.e de chasseurs à cheval Italiens. —Le major Dubois, *idem.* —Le chef de bataillon Fonvielle, du 7.e de ligne. —Le chef de bataillon Gauchais, du 62.e *idem.* — —Le capitaine Lagarenne, du 53.e de ligne. — Le capitaine Lebrun, aide-de-camp du général Cte Verdier.— Le cap. Cottin, aide-de-camp du général Fressinet.

Dans celui du général Bon Mermet , commandant la cavalerie, comme dans le rapport particulier du général Quesnel, commandant la 1.re division, l'on distinguait le général Bonnemains, déjà cité pour sa conduite au-dessus de tout éloge, l'adjudant-commandant Derivaux, chef d'état-major de la cavalerie, le colonel Desmichel et le chef d'escadron d'Espinchal, du 31.e de chasseurs , le colonel Narboni, commandant le régiment des dragons de la Reine, le colonel Ercule , le major Dubois, du 4.e de chasseurs Italiens, et autres (1).

A la division du général Zucchi on eut à regretter le colonel Millo, de l'artillerie Italienne, tué de trois coups de feu, au moment où il venait de rendre des services importans ,

______

(1) Du 31.e de chasseurs à cheval. — Les capitaines Ricaumont , Autricet et Caquesni. — L'adjudant-major Duhoux. — Les sous-lieutenans Fath et Schreiner. — Le brigadier Radersdorff.

Du 4.e de chasseurs Italiens. — Le chef d'escadron Cingia Bassano. — L'adjudant-major Migliorini. — Les capitaines Zaffanelli et Bianchi. — Les lieutenans Ceretti et Bonacina. — Les capitaines Riché et Bonsergent. — Les sous-lieutenans Audinot, Zombonelli, Bastide et Ciciorini. — Les maréchaux-des-logis Sacchi et Bonvari.

Le lieutenant Castelli , du régiment de la Reine dragons, remplissant les fonctions d'officier d'état-major à la cavalerie , qui eut une jambe emportée.

en contribuant à repousser quelques bataillons ennemis et à lui prendre 150 hommes que le général Zucchi ramena à Mantoue.

A celle du général Palombini, qui n'eut à combattre que jusqu'à deux heures de l'après midi à Cavalcasella, plusieurs officiers et sous-officiers s'y firent remarquer (1).

Dans l'artillerie, en outre des officiers dont il a déjà été fait mention, le général B^on. St.-Laurent, commandant cette arme, eut beaucoup à se louer du colonel Ravicchio, chef d'état-major, des capitaines Faure, du 4.e à cheval, et Moreau, du 4.e à pied, attachés à la 1.re division.

On ne se distingua pas moins au corps du génie dans le peu qu'il y eut à faire pour le service de cette arme, commandée par le général Bon Dode, dont l'état-major était parfaitement dirigé par le chef de bataillon de Beaufort d'Hautpoul. Plusieurs officiers de cette arme, souvent employés par leur position particu-

____

(1) Le chef de bataillon Delpinto, du 6.e de ligne Italien. —Le sous-lieutenant Degiuli, *idem.* — Le capitaine de grenadiers Caprini, du 3.e de ligne Italien. — Le lieutenant Nardini, *idem.* — Le chef de bataillon Forcioli, du 2.e de ligne Italien. — Le chef de bataillon Bacarini, chef d'état-major de la 5.e division. — Le capitaine Soléra, aide-de-camp du général Bertoletti.

lière, dans les fonctions d'officiers d'état-major, rendirent d'importans services.

Les aides-de-camp du Prince, général en chef, ses officiers d'ordonnance, et les officiers de l'état-major général concoururent par tout ce qui distingue de braves officiers, au gain de cette bataille, d'autant plus glorieuse pour les troupes et tout ce qui eut l'avantage d'y prendre part, que l'ennemi avait déployé une grande valeur.

Le lendemain, le Prince Vice-Roi, voulant rentrer en communication avec le général Verdier, fit repasser le Mincio à son armée. Le général Bonnemains couvrit le mouvement jusqu'à Goito. L'ennemi ayant conservé son pont de Borghetto, menaçait le général Verdier d'une nouvelle attaque. La 6.ᵉ division rentra à Mantoue ; la 1.ʳᵉ occupa Goito, ayant des postes en face de Pozzolo ; la 4.ᵉ prit position à Volta ; la 2.ᵉ à Guidizzolo ; la 3.ᵉ resta à Monzambano.

Affaire de Borghetto. Le 10 février.

Dans la nuit du 9 au 10, les Autrichiens firent passer le pont de Borghetto, à environ 10 mille hommes d'infanterie et 2 mille chevaux, afin de s'établir à la droite du Mincio. Mais le Prince Vice-Roi et le général Grenier ayant marché sur eux de Volta, avec la division Marcognet, tandis que le général Verdier, avec la division Fressinet, avançait de Monzambano, l'ennemi fut battu et rechassé au-delà du Mincio. La perte des Autrichiens monta à environ 400 hommes, dont 200 prisonniers; la nôtre fut de 20 morts et 150 blessés ; ainsi la seconde tentative de l'ennemi, pour s'établir à la droite du Mincio, fut déjouée comme la première. Le 11, la division Marcognet se plaça, la gauche à Borghetto et la droite en face de Pozzolo; la division Rouyer envoya une brigade à Volta.

Le 14, les Autrichiens ayant fait passer un corps de troupes par la Val Trompia et par la Val Sabbia, afin de faire une tentative sur Brescia, le général Bonfanti, qui commandait dans cette dernière ville, réunit tout ce qu'il put de troupes éparses dans les diverses vallées, et marcha au-devant d'eux. Il les attaqua le 15, avec un bataillon du 35.ᵉ léger, un du 6.ᵉ de ligne Italien et 150 gendarmes. L'ennemi fut battu, perdit environ 300 hommes et 70 prisonniers du régiment de Lindenau, y compris trois officiers, dont deux de grade supérieur. Le général Bonfanti se loua de la conduite du colonel Duché, du 35.ᵉ léger, et du chef de bataillon Gillot, du 6.ᵉ de ligne. *Affaire de Gardona. Le 14 février.*

Dans le même temps, un corps Autrichien de 2 mille hommes s'était porté sur Salo, et y *Affaire de Salo. Le 16 février.*

avait pris position , tandis qu'un autre corps d'environ 2 mille hommes bloquait la Rocca d'Anfo et occupait la Val Sabbia. Le Prince Vice-Roi résolut de s'y rendre en personne avec la garde Italienne. Le 16, le général Théodore Lecchi , qui était parti de Desenzano, attaqua l'ennemi dans Salo, après avoir replié tous les avant-postes.

La ville fut forcée et les Autrichiens repoussés jusqu'à Maderno. Le 17, le colonel Peraldi, à la tête des chasseurs et de quelques dragons de la garde royale, les y attaqua et les dispersa; ce qui parvint à se réunir se retira précipitamment sur Toscolano. La perte de l'ennemi fut d'environ 600 hommes , dont 360 prisonniers. La nôtre de 22 morts, parmi lesquels le capitaine Guerra, l'adjudant-major Pampolini et le lieutenant Litta qui s'étaient distingués, et 62 blessés.

La belle conduite du colonel Peraldi , dans ces deux journées, fut citée à l'ordre de l'armée, et les rapports officiels firent mention de la distinction des services du capitaine Casali, des grenadiers de la garde, des lieutenans Vitali et Prina, des gardes d'honneur, du capitaine Gubernatis, du lieutenant Sabatini, du sous-lieutenant Giordani, du sergent Castagnari , du garde d'honneur Foscari et du dragon Pecinetti, de la garde-royale.

Le capitaine Tempié, commandant la flottille du lac de Garda contribua aux avantages de la journée du 18, en canonnant les troupes ennemies, sur la route le long du lac, et les forçant à se rejeter dans les montagnes où plusieurs centaines d'hommes se dispersèrent.

A cette époque, le Prince Vice-Roi se décida à employer le fonds des 5.ᵉ et 6.ᵉ divisions aux garnisons de Mantoue et Peschiera, et à ne conserver autant que possible, en ligne, que les divisions françaises et la garde, comme réserve. La désertion, qui commençait à se manifester fortement dans les troupes Italiennes, fut un des principaux motifs de cette mesure. De ce moment, peu de ces troupes furent employées en ligne.

L'armée active reçut en conséquence une nouvelle organisation, ainsi qu'il suit :

6ᵉ ORGANISATION.

Le quartier-général de l'armée resta à la Volta ; celui de l'armée Autrichienne était à Villafranca.

Aucun changement dans la composition de l'état-major général.

1.ʳᵉ Lieutenance, le lieutenant-général C.ᵗᵉ GRENIER.

2ᵉ Division, général ROUYER.

Le chef de bataillon ERNOUF, faisant fonctions de chef de l'état-major.

Général de brigade,	9.ᵉ de ligne	3 batail.
SCHMITZ.	28.ᵉ 1/2 brigade provisoire	2 *id.*

Général de brigade, { 35e de ligne...................... 3 bat.
DARNAUD. { 3e léger...................... 1 id.
{ 1er étranger...................... 1 id.

Force, 6,668 hommes et 12 bouches à feu.

4e Division, général MARCOGNET.

L'adjudant-commandant DE BREST, chef d'état-major.

Général de brigade, { 29e 1/2 brigade provisoire....... 3 batail.
JEANIN. { 31e id.................... 2 id.
Général de brigade, { 36e léger.................... 1 id.
DÉCONCHY. { 102e de ligne.................... 2 id.
{ 106e id.................... 3 id.

Force, 7,679 hommes et 12 bouches à feu.

2e Lieutenance, général Cte VERDIER.

1re Division, général QUESNEL.

L'adjudant-commandant DUPIN, chef de l'état-major.

Général de brigade, { 92e de ligne.................. 3 batail.
CAMPI. { 30e 1/2 brigade provisoire...... 3 id.
Général de brigade, { 35e léger.................... 1 id.
FORESTIER. { 84 de ligne.................. 3 id.

Force, 6,463 hommes et 12 bouches à feu.

3e Division, général FRESSINET.

L'adjudant-commandant VERMASEN, chef de l'état-major.

Général de brigade, { 25e 1/2 brigade provisoire...... 3 batail.
MONTFALCON. { 42e de ligne................. 3 id.
{ 3e léger.................... 1 id.
Général de brigade, { 7e de ligne................. 1 id.
PÉGOT. { 53e id.................. 3 id.
{ 6e id. Italien............. 1 id.

Force, 6,440 hommes et 14 bouches à feu.

Cavalerie, général MERMET.

L'adjudant-commandant DERIVAUX, chef de l'état-major.

Général de brigade, { 3e chasseurs Italiens........... 2 escad.
RAMBOURG. { Dragons Napoléon........... 1 id.
{ 19e chasseurs Français........... 3 id.
Général de brigade, { 4e chasseurs Italiens........... 2 id.
BONNEMAINS. { 31e id. Français......... 4 id.
Général de brigade, { 1er d'hussards Français........ 4 id.
GENTIL SAINT-{ Dragons de la Reine.......... 4 id.
ALPHONSE.

Force, 3,429 hommes et 8 bouches à feu.

Réserve de la garde, LECCHI, général.	Une compagnie de gardes d'honneur.	1	escad.
	Vélites royaux.	1	bat.
	Grenadiers.	1	*id.*
	Chasseurs à pied.	2	*id.*

Force , 3,148 hommes et 12 bouches à feu.

La 2.ᶜ division fut placée à Crémone et Piadena pour surveiller les mouvemens des Napolitains.

La 4.ᵉ à Montalto , près de la Volta.

La 1.ʳᵉ à Goito et en face de Pozzolo.

La 3.ᵉ à Pilla et Monzambano.

La cavalerie à Guidizzolo, Cereta et Foresta.

Les mouvemens des Autrichiens à la droite du Pô, et les hostilités réelles des Napolitains, auxquelles il ne manquait plus que la formalité d'une déclaration de guerre, attiraient toute l'attention du Prince Vice-Roi. La ville de Plaisance allait se trouver menacée. Elle était bien , à la vérité, occupée par la division Gratien, de la réserve, et couverte par la division Severoli qui revenait d'Espagne. Mais ces deux divisions étaient trop faibles pour arrêter l'ennemi qui était fort de 25 mille hommes , y compris le corps Autrichien du général Nugent. En conséquence, le Prince envoya à Plaisance son premier aide-de camp, le général de division d'Anthouard, pour prendre le commandement des troupes à la droite du Pô , et fit partir la division Rouyer qui arriva le 13 à Crémone.

Le 15, la déclaration formelle de guerre de la part du Roi de Naples, fut signifiée officiellement, par son chef d'état-major, au général Vignolle, chef d'état-major de l'armée d'Italie. Le prétexte en était une sortie de la garnison de la citadelle d'Ancône sur les troupes Napolitaines qui en formaient le blocus. Alors le corps du général Nugent dépassa Reggio et prit la tête de l'armée Napolitaine. Le rôle que cette armée joua, depuis ce moment, fut des plus singulier. La déclaration de guerre du Roi devait la faire regarder comme ennemie ; et cependant des lettres de quelques Français, qui étaient près de lui, contenaient l'assurance qu'il n'attaquerait pas le premier. Cette contradiction dans la conduite du Roi de Naples, qu'on peut attribuer à la fluctuation de ses idées et à un sentiment intérieur de ce qu'il y avait de perfide dans le rôle de dupe qu'il allait jouer, paraîtrait inexplicable si l'on ne jetait un coup-d'œil sur sa conduite depuis la fin de 1813.

Lorsque l'armée Napolitaine se mit en marche vers la Haute-Italie, le Roi écrivit au Prince Vice-Roi, pour lui annoncer que ce mouvement n'avait d'autre but que d'agir de concert contre les Autrichiens. Il demandait aussi que les vivres et les munitions fussent fournis à ses troupes jusqu'au Pô; cette demande était conforme aux ordres du ministre de la guerre de France. Mais en même temps le Roi de Naples entrait avec l'Autriche, dans des négociations qui aboutirent au traité du 11 janvier 1814. Par ce traité, il s'engageait à unir ses forces à celles des Autrichiens contre l'armée Française en Italie. Cependant, non-seulement durant ces négociations, mais même un mois après le traité, il continua à tenir le même langage au Prince Vice-Roi. Il ne cessait de protester de sa fidélité envers la France, et demandait que ses troupes eussent, à l'instar des Françaises, la libre entrée dans les places, et la disposition des vivres et des munitions. Les ordres en furent donnés et exécutés. Il tint le même langage au général Gifflenga, aide-de-camp du Prince Vice-Roi, que S. A. I. avait envoyé, à Naples, afin de tâcher de s'assurer des dispositions de ce Souverain.

Les Napolitains prirent possession d'Ancône et ne manquèrent la citadelle, que parce que le général Barbou, ayant conçu une juste méfiance, refusa de les y laisser entrer. Ils entrèrent dans la Romagne, et là seulement, le refus qu'ils firent d'aider à chasser le gé-

néral Nugent de Ravenne, et le prétexte d'un armistice avec l'Autriche, que leurs généraux mirent en avant, purent faire naître des soupçons.
Cependant l'attaque de la citadelle d'Ancône
et l'occupation forcée des états Romains, dont
ils prirent le gouvernement, ne laissèrent plus,
moralement, aucun doute sur leurs intentions
hostiles. Il fallut donc se tenir sur ses gardes, ce
qui nécessita l'abandon de la ligne de l'Adige et
le reploiement de l'armée sur le Mincio. Mais
le Roi de Naples ne s'était pas encore déclaré
ouvertement, et on ne pouvait se porter contre
lui à aucun acte hostile. Cet état de choses
dura jusqu'à ce qu'il ne fût plus permis de
douter de l'existence du traité du 11 janvier.
Mais alors l'armée Napolitaine occupait Ferrare, Bologne, Modène et Reggio. Peu après,
le Roi jeta le masque qu'il ne pouvait plus garder, et fit déclarer la guerre sous prétexte de
la défense du général Barbou.

Alors plusieurs officiers généraux et supérieurs, et un grand nombre de militaires
Français, qui étaient à son service, l'abandonnèrent, et se rendirent au quartier général
du prince Vice-Roi, malgré les instances du
Roi pour les retenir; il se fâcha même de
l'observation qu'ils lui firent, qu'ayant déclaré
la guerre à la France, aucun Français, ami

le son pays, ne pouvait plus rester avec lui.
« Croyez-vous donc, leur dit - il, que j'aie
» moins que vous le cœur Français? Croyez,
» au contraire, que je suis très à plaindre;
» je ne sais de ce qui se passe à la grande
» armée, que les choses désastreuses. J'ai été
» contraint à faire un traité avec les Au-
» trichiens et un arrangement avec les Anglais,
» et, par suite, à me déclarer en état de
» guerre, afin de sauver mon royaume me-
» nacé d'un débarquement par les Anglais
» et les Siciliens, ce qui aurait immanqua-
» blement excité un soulèvement intérieur.
» Peut-être les événemens deviendront - ils
» plus favorables : restez donc avec moi.
» J'ai fait votre avancement, d'autres avan-
» tages vous attendent encore; c'est me payer
» d'ingratitude que d'abandonner mon ser-
» vice, lorsque mes bonnes dispositions vous
» sont si bien connues. »

Les officiers Français qui quittèrent le Roi
de Naples, et demandèrent à servir à l'armée
d'Italie, y obtinrent de l'emploi. Peu après,
le prince Vice-Roi reçut du ministre de la
guerre de France, l'avis officiel de l'état de
guerre avec le royaume de Naples, et un
décret impérial qui rappelait les Français qui
se trouvaient à son service, sous peine, à

ceux d'entre eux qui seraient pris les armes à la main, d'être traduits à un conseil de guerre, pour être jugés comme traîtres à leur patrie.

Alors le prince Vice-Roi fit une proclamation pour annoncer à l'armée cet événement.

« Soldats de l'armée d'Italie, leur dit-il,
» en date de Vérone, le 1er février, depuis
» l'ouverture de la campagne vous avez sup-
» porté de grandes fatigues; vous avez donné
» à l'ennemi de grandes preuves de votre
» valeur, et à votre souverain de grandes
» preuves de fidélité.

» Mais, combien ils sont glorieux les prix
» que vous avez déjà reçus de vos généreux
» efforts ! Vous avez conquis l'estime de
» l'ennemi, et vous pourrez vous enorgueillir
» au fond de vos âmes, d'avoir long-temps
» préservé de toute invasion ennemie la plus
» grande partie du territoire Italien, et un
» grand nombre de départemens Français.

» Soldats, des espérances d'une paix solide
» et prochaine s'élèvent de toutes parts : je
» les crois fondées.

» Cependant le jour du repos ne s'est pas
» encore levé pour vous : un nouvel ennemi
» se présente.

» Quel est cet ennemi? Quand je vous l'aurai
» fait connaître, vous refuserez d'ajouter foi
» à mes paroles, et votre incrédulité, que
» j'ai long-temps partagée, sera pour vous
» un nouveau titre de gloire.

» Les Napolitains nous avaient solemnel-
» lement promis leur alliance. Sur la foi de
» leurs promesses, ils ont été reçus dans le
» royaume comme des frères; ils ont été
» admis non-seulement à occuper plusieurs
» de nos départemens, mais même à partager
» avec nous toutes nos ressources.

» Ils sont entrés comme frères, et ils étaient
» nos ennemis !..... Ils sont entrés comme
» frères, c'est pourtant contre nous qu'ils
» avaient préparé leurs armes !...

» Soldats, je lis dans vos âmes toute votre
» indignation, qui ne peut qu'ajouter à votre
» vaillance, tant la cause en est noble.

» Les Napolitains ne sont pas non plus in-
» vincibles! Peut-être même compterons-nous
» des amis dans leurs propres rangs. Certes,
» si le sentiment de loyauté peut être égaré,
» qui doute qu'un instant de réflexion ne
» suffise pour le rallumer et lui rendre tout
» son empire?

» Il est dans les troupes Napolitaines un
» grand nombre de Français; ils abandon-

» neront bientôt des drapeaux qu'eux aussi
» ont cru fidèles à leur Souverain et à leur
» patrie ; ils se réuniront à vous ; ils trou-
» veront au milieu de vous les mêmes grades
» qu'ils ont acquis par leurs services : vous
» les recevrez comme des amis ; vous les
» consolerez par votre accueil de la déplo-
» rable défection dont ils n'ont pas mérité
» d'être victimes.

» Français, Italiens ! je compte sur vous ;
» comptez sur moi. Vous me trouverez partout
» où votre intérêt et votre gloire auront
» marqué ma place.

» Soldats, voici ma devise : Honneur et
» fidélité ! que cette devise soit aussi la
» vôtre ; avec elle et l'aide de Dieu, nous
» triompherons encore de tous nos ennemis. »

Après la lecture de cette proclamation,
l'indignation de l'armée d'Italie contre le Roi
de Naples, fut à son comble, et peu de temps
après, le chant héroïque, fait par un grenadier de la cohorte de Riom, et dont les deux
couplets suivans suffisent pour en faire connaître l'esprit, se fit entendre dans les camps.

> Il a retenti dans la France,
> Et nous le répétons en chœur
> Ce noble cri de la vaillance,
> Élan sublime d'un grand cœur,

Ton

Ton dévouement t'immortalise ;
O Prince, plein de loyauté !
Tous, nous adoptons ta devise :
   Honneur et fidélité.

   Fidélité !..... d'une belle âme
Elle est la première vertu.
Toujours pour leur Prince ou leur dame,
Gaston, Bayard ont combattu.
Pour une brillante entreprise,
Armaient-ils leur bras redouté ?
Sur leur cœur était la devise :
   Honneur et fidélité.

Dès le 17, les Autrichiens qui précédaient l'armée Napolitaine, attaquèrent les avant-postes de la division Severoli entre Fontana-fredda et Fiorenzuola. Le général Severoli, se voyant menacé par des forces supérieures, se retira à Plaisance : le 20, la brigade Darnaud, de la division Rouyer, entra à Plaisance. La brigade Jeanin, de la division Marcognet, quitta de suite ses postes sur le Mincio, et vint à Crémone où elle arriva le 21 ; le même jour y était également arrivé le lieutenant-général Grenier envoyé pour prendre le commandement des troupes à la droite du Pô, sous le nom de corps détaché de droite ; il réunit de suite la division Rouyer, deuxième division, et fit avancer la brigade Jeanin

à Codogno. Le 22 , le 23 et le 24, le général
Grenier envoya de fortes reconnaissances vers
Castel St.-Giovanni et les montagnes , pour
éclairer les mouvemens de l'ennemi. Le général
Nugent avait alors un corps de 1500 hommes,
infanterie et cavalerie, entre la Nura et la
Trebia, appuyé aux montagnes , et envoyait
des partis jusqu'à Castel St.-Giovanni et Stra-
della pour intercepter la communication de
Plaisance avec Alexandrie, en même temps
qu'il cherchait à en soulever les habitans. Ce
corps, que la marche de nos reconnaissances,
dirigées par le chef de bataillon Desbeck, du
1er. Étranger , manœuvrant en officier con-
sommé, obligea à se retirer, vint se concentrer derrière la Nura, où était établie la
brigade du général Stahremberg au soutien
des troupes appuyées aux montagnes. Celles
du général Gober étaient en seconde ligne sur
le Taro, ayant un corps de 12 à 15 cents
hommes Autrichiens sur Sacca, soutenu par un
bataillon Napolitain, et environ 200 hommes
de cavalerie de cette nation (1). Le général
Nugent avait son quartier-général à Parme
où il tenait une troisième ligne, composée

______

(1) Ce corps passa le Pô dans la nuit du 24 au 25
février.

de deux bataillons Anglais et de quelques troupes Napolitaines commandées par le général Campana. Enfin la 1.re division Napolitaine était placée, en échelons sur l'Enza et jusqu'à Reggio.

Ainsi, bien informé de la position de l'ennemi, le général Grenier comptait attaquer le général Stahremberg à Pontenura, et trois colonnes furent, à cet effet, mises en mouvement; la première, commandée par le général Severoli, composée de trois petits bataillons Italiens et de quatre bataillons de la division Gratien, formant 16 à 1700 hommes et ayant 200 chevaux, fut dirigée par St.-Polo sur St.-Giorgio; la seconde composée de la 2.e division et de la majeure partie de la brigade de cavalerie légère du général Rambourg, se dirigea sur Pontenura, en même temps que la troisième colonne, commandée par le général Jeanin, se dirigeait avec 200 chevaux sur Roncaglia par la rive droite du Pô. L'ennemi se replia de toute part. Quelques charges de cavalerie eurent lieu sur la grande route. La première colonne prit position en avant de St.-Giorgio, occupant Carpenetto, celle du centre en avant de Cadeo sur la Chiavenna, ayant ses avant-postes à Fontana-fredda, et la 3e à Chiavenna, même poussant des partis vers le Pô.

Le 26, la première colonne eut ordre de marcher sur St.-Protaso, jetant des partis sur Lugnano et Fornovo, la seconde sur Borgo-St.-Donnino, et là troisième sur Corte-Maggiore : l'ennemi fit quelque résistance à la position de Seno ; mais le général Grenier ayant fait tourner sa gauche par Castelnuovo di Terzo il continua son mouvement de retraite et fut poursuivi l'épée dans les reins jusqu'au Taro, où une seconde ligne était établie pour le recevoir. Le petit corps Austro-Napolitain qui, sur le point de Sacca, avait passé à la rive gauche du Pô, informé sans doute de ce mouvement, et battu d'ailleurs par le général Bonnemains, le repassa en toute hâte et rejoignit en partie les forces que le général Nugent réunissait à Parme. (Le Roi de Naples y était alors en personne).

Le général Grenier ayant ainsi poussé l'ennemi devant lui, s'approcha du Taro et prit position, le 27 février, en arrière de ce torrent, son avant-garde en avant de Castel Guelfo, la 2.e division, en échelons en arrière d'elle, les troupes du général Severoli qui avaient fait une marche très-fatigante, en réserve à Borgo

St.-Donnino, et la brigade du général Jeanin à Busseto. Le 28, il serra ses différentes colonnes sur le Taro.

Peu de jours auparavant, on avait appris au quartier-général la capitulation de la citadelle d'Ancône qui s'était rendue le 15, et celle de Livourne qui avait eu lieu le 19. Les troupes Françaises qui se trouvaient en Toscane étaient arrivées à Gênes le 22, par suite d'une convention avec le Roi de Naples. Le prince Félix Bacciocchi avait évacué la citadelle et les forts de Florence et celui de Volterra, sous la condition que les troupes qui formaient leur garnison ne pourraient servir dans la présente campagne d'Italie. Le 17, un détachement Autrichien du corps du général Nugent étant entré à Pontremoli, les troupes du général Rouyer St.-Victor l'en avaient chassé le 18. Le général Fresia qui commandait à Gênes, ayant appris la reddition de Livourne, ne pouvait plus douter que le corps Anglais, débarqué aux environs de cette ville, et qui était fort d'environ 10 mille hommes, ne marchât sans délai par la rivière de Gênes pour venir l'attaquer. Il aurait bien voulu pouvoir augmenter ses faibles moyens de défense, par les troupes qui revenaient de Toscane; mais la convention conclue par le gouverneur gé-

Prise de Livourne et de la citadelle d'Ancône.

Evacuation de la Toscane.

néral, l'obligea à les laisser rentrer en France.

A l'aile gauche de l'armée, le général Bonfanti avait été obligé de marcher une seconde fois dans la Val Sabia, contre les ennemis. Le corps qui y était et que composaient en grande partie les restes de celui qui avait été battu à Salo et à Maderno, fut attaqué, le 21, et forcé de repasser les monts.

Après sa déclaration de guerre, le Roi de Naples, à la tête de son armée, dont la division Austro-Britannique du général Nugent faisait l'avant-garde, avait passé l'Enza, était venu à Parme où se trouvait le général Nugent, et s'était même avancé jusqu'au Taro, d'où il fut témoin, le 17, de l'attaque des Autrichiens sur les avant-postes de la division Severoli. C'est alors qu'il combina avec le général Nugent l'envoi d'un corps sur Sacca, au-dessus de Casal Maggiore, afin d'y passer le Pô, et y établir un pont. Un parti de 400 hommes environ de troupes Napolitaines, qui s'était porté jusques près de Casal Maggiore, fut attaqué par un bataillon du 3e. léger qui se trouvait sur ce point. Cependant le pont de Sacca ayant été établi, et les ennemis ayant élevé des batteries pour le protéger, le général Bonnemains eut ordre, le 26, de se rendre d'abord à Marcaria, puis à Sacca avec sa brigade et un bataillon du

52.e de ligne, commandé par le chef de bataillon Bladinière. Le 27, il attaqua les Austro-Napolitains à Sacca, et malgré la supériorité de leurs forces, leurs nombreuses batteries et l'avantage de la position, il les obligea à repasser la rivière, et parvint, sur le soir, à détruire le pont, dont presque tous les bateaux furent recueillis à Casal Maggiore. Le général Bonnemains eut à se louer dans cette circonstance du major Italien Sanfermo, qui se conduisit avec bravoure et intelligence, ainsi que du chef de bataillon Bladinière.

A cette époque, l'ennemi fit jeter dans les lagunes de Venise, des placards annonçant les désastres de l'armée Française, et promettant aux Italiens le rétablissement de l'ancien ordre de choses. L'effet de ces affiches fut d'augmenter la désertion parmi les troupes Italiennes. Cette circonstance, jointe aux nombreuses maladies qui affaiblissaient journellement les postes, forcèrent le gouverneur à se réduire à la plus stricte défensive, et à renoncer à toute sortie. Un germe de révolte commençait d'ailleurs à se manifester parmi la partie la plus abjecte de la population, que le général Seras, par sa fermeté et quelques exemples de sévérité, à l'égard des plus mutins, sut contenir.

Le 1er. mars, le général de brigade Vilatta, commandant les avant-postes à la gauche du Pô, étant sorti de Borgo-forte avec un bataillon, un détachement de cavalerie et de l'artillerie, marcha sur Guastalla où se trouvait un petit corps Austro-Napolitain. Les Autrichiens furent mis en déroute et perdirent 93 prisonniers, dont un major de Raditzki, hussard, et 250 fusils. Les Napolitains se retirèrent sur Reggio. Le général Vilatta fit l'éloge des bonnes dispositions de son aide-de-camp et du colonel Olini dans la conduite des compagnies de voltigeurs du 5.e de ligne Italien, qui, divisées en deux colonnes, se mirent à la poursuite de l'ennemi. Les voltigeurs du capitaine Rondina, en suivant à la course les chasseurs à cheval du 3.e Italien, rendirent, comme ces derniers, de très-bons services, et en firent de même le lendemain dans une de leurs reconnaissances poussée sur Brescello, où se trouvait un escadron Croate, auquel on tua plusieurs hommes et on fit 20 prisonniers. Le général Vilatta se loua du capitaine Rossi du 5.e de ligne Italien, et du lieutenant Viceré du 3.e de chasseurs à cheval.

Le général Grenier en position sur le Taro, depuis le 28 février, avec l'intention de le passer, ayant, dès les jours précédens, envoyé de fortes reconnaissances sur toute la ligne de l'ennemi, et vu par les dispositions de ce dernier, qu'il était dans le dessein de défendre le passage de ce torrent, fit établir plusieurs batteries pour protéger son opération (1). Le même jour, après avoir jeté des partis sur Fornovo, et forcé les détachemens ennemis qui parcouraient encore les montagnes, à rentrer, il porta les différens corps de troupes en ligne, et fit ses dispositions pour passer le Taro le 2 mars, à la pointe du jour. Tout ayant été préparé en conséquence pour cette époque, la brigade Schmitz le passa entre Noceto et Castel Guelfo, et la brigade Jeanin au gué Délia, à la hauteur de Bianconeso, afin de tourner la position de l'ennemi et de déboucher sur S.-Pancrazio en même temps que la brigade Darnaud et la cavalerie du général Rambourg se dirigeant sur Ponte Taro, attaqueraient son centre. Les troupes du général Severoli formaient la réserve.

En débouchant on s'aperçut que l'ennemi avait retiré son artillerie des batteries et qu'il

---

(1) Le Roi de Naples était venu, le 29 au soir, visiter la ligne des avant-postes, le général Rambourg voyant un groupe de cavalerie, fit tirer trois coups de canon qui le dispersa.

ne restait que des postes d'observation sur le Taro, qui furent lestement culbutés; on fit une centaine de prisonniers sur le canal qui vient de Caluchio, et qui offrait des moyens de résistance; le 19.ᵉ de chasseurs à cheval fournit une brillante charge sur la grande route, près St.-Pancrasio, et ramena une douzaine d'hussards de Radeski.

Attaque de Parme. Le 2 mars. Le général Grenier, informé que l'ennemi voulait défendre Parme, et que le Roi de Naples avait commis la faute, en se retirant au premier choc derrière l'Enza, d'y jeter 3,000 hommes, la majeure partie Autrichienne, avait fait de suite ses dispositions d'attaque. En conséquence il dirigea, par un temps affreux, la brigade du général Schmitz, de manière à arriver par la route qui de cette ville conduit à Fornovo, avec ordre de s'emparer de la porte Neuve. La brigade du général Jeanin, et la majeure partie de la brigade de cavalerie du général Rambourg suivirent la route de St.-Secondo, avec ordre de passer la Parma, et de forcer la porte St.-Barnaba, en même temps que la brigade du général Darnaud attaquerait de front la porte de Plaisance.

Pendant que ces mouvemens s'exécutaient, une canonnade assez vive, et une fusillade

des remparts, très-soutenue, forcèrent le général Grenier à déployer la brigade Darnaud
et le régiment de dragons Napoléon, qui marchait en réserve de cette brigade. L'artillerie
de la deuxième division fut mise en batterie,
afin d'attirer l'attention de l'ennemi de ce
côté, et donner par là plus de facilité aux colonnes de droite et de gauche de forcer le
passage, et d'escalader les murs de la ville.

Le colonel Broussier du 9.ᵉ de ligne, (brigade de Schmitz), dirigea sa marche le long
des remparts, avec son premier bataillon et
un piquet du 1.ᵉʳ de chasseurs Italiens, commandé par le capitaine Serapica. Toutes
les portes étaient fermées et gardées ; mais
des voltigeurs arrivés à celle de Saint-Fran-
çois, et ayant à leur tête le sous-lieutenant
Hutinet, parvinrent à escalader le mur et à
en chasser l'ennemi, s'emparèrent de suite
de la porte, et facilitèrent ainsi l'entrée au
bataillon et au détachement de chasseurs a
cheval. (1). L'ennemi commençait alors son
mouvement rétrograde ; le colonel Broussier
se dirigea sur la porte Neuve, et passant la
Parma sur le pont Capra-Zuccha, il arriva

___

(1) Le sous-lieutenant Hutinet et le caporal Richon,
des voltigeurs du 9.ᵉ de ligne, montrèrent une grande
bravoure et beaucoup d'intelligence.

par le Cours, à la porte S. Michel. Le général Jeanin manœuvra, pendant ce temps, sur la Parma, et dirigeait les compagnies d'élite du 102.ᵉ régiment vers les murs du Jardin Impérial; déjà le lieutenant Dussert, qui les commandait, avait, avec quelques voltigeurs, escaladé les remparts dans cette partie, lorsqu'un habitant de Parme, qui avait secrètement conservé une des clefs de la porte du jardin, vint l'ouvrir, et faciliter à ces compagnies l'entrée de la ville sur ce point. A leur droite, trois compagnies de grenadiers des 92.ᵉ, 106.ᵉ régimens Français, et 7.ᵉ de ligne Italien, de la division de réserve, dirigées par le capitaine Boniotti, aide-de-camp du général Grenier, qui voulut les faire concourir à la prise de Parme, étaient parvenues à escalader les remparts; toutes les colonnes débouchant sur différens points de la ville, et celle de droite étant parvenue à la porte Saint-Michel au moment où la réserve de l'ennemi faisait les plus grands efforts pour y rentrer, afin de protéger la retraite des troupes du général Gober, qui n'avaient pas eu le temps d'en sortir, ce qui y était encore mit bas les armes et fut fait prisonnier (1) : 1200 hommes

____

(1) Au même moment, le colonel Broussier, jeté à terre d'un coup de baïonnette en sommant une colonne

restèrent en notre pouvoir, dans la ville, avec le lieutenant-colonel et le major du régiment d'infanterie Frantz-Carl, dix capitaines et vingt-cinq autres officiers de grade inférieur. Le 25.e régiment occupait la porte Neuve, le 67.e marcha sur la citadelle, en enfonça les portes, mais il n'y trouva plus qu'un officier et 36 hommes, qui se rendirent.

Pendant que ces événemens se passaient, le général Jeanin et la brigade de cavalerie Rambourg traversaient la Parma, et se trouvaient en présence d'une colonne ennemie, infanterie, artillerie et cavalerie, qui venait au secours de Parme; le général Jeanin l'attaqua de suite, et la mit en déroute. Aussitôt le général Rambourg en profita, et la chargea vigoureusement, avec les 1.er et 3.e de chasseurs Italiens, qui se conduisirent avec la plus grande valeur, et lui prirent 400 hommes, deux pièces de canon avec leurs caissons et plusieurs voitures d'outils du génie, toutes attelées. L'ennemi, chassé d'abord de cette direction au-delà de Colorno, et successivement rejeté sur l'Enza fut, en outre, poursuivi sur la grande route de Reggio par la brigade Schmitz,

de se rendre, et déjà au pouvoir de l'ennemi, avait été bientôt dégagé par ses troupes.

soutenue des dragons Napoléon, qui, avec les chasseurs du général Rambourg, le for-cèrent à repasser l'Enza en désordre; il s'ar-rêta cependant à des retranchemens qu'il avait sur la rive droite, et qu'il voulut dé-fendre, mais aussitôt qu'il s'aperçut que des colonnes se disposaient à traverser l'Enza au-dessus du pont, il se retira en toute hâte sur Reggio, après avoir barricadé le pont. Nous fûmes ainsi maîtres des deux rives de l'Enza, et nos avant-postes furent établis près Illario. Les troupes Napolitaines, comman-dées par le général Campana, à l'exception de quelques compagnies d'infanterie et d'un dé-tachement de cavalerie qui faisaient partie de la colonne ennemie, rencontrée par le géné-ral Jeanin, ainsi que les deux bataillons An-glais qui étaient à Parme, avaient évacué cette ville à six heures du matin; et quant à la bri-gade Napolitaine qui, sous les ordres du gé-néral Pepe, était en réserve sur l'Enza, elle s'était repliée sur Reggio, aux premiers coups de canon qu'elle avait entendu tirer à Parme.

La perte de l'ennemi se monta à 600 morts, 2200 prisonniers, deux bouches à feu, avec leurs caissons, cinq voitures d'outils du génie, et 3000 fusils; la nôtre à 240 hommes mis hors de combat. Quatre-vingt-dix Napolitains, qui

se trouvaient parmi les prisonniers, furent dé=
sarmés et renvoyés au Roi de Naples.

Le Prince Vice-Roi fit connaître ces succès
à l'armée par la voie de l'ordre du jour, et
annonça qu'on les devait aux bonnes dispositions du lieutenant-général comte Grenier, et
à l'intrépidité des troupes, qui, dit ce général, firent merveille : infanterie, cavalerie,
artillerie et génie, toutes les armes rivalisèrent
d'ardeur et de bravoure. Le 19.ᵉ régiment de
chasseurs à cheval fit un mal infini aux hussards de Radesky. Les généraux, Schmitz, qui
s'élança le premier dans la ville de Parme,
Jeanin, Rambourg, et le colonel Broussier
du 9.ᵉ de ligne, se couvrirent de gloire. Un
grand nombre d'officiers et autres, furent
aussi l'objet des éloges du général C.ᵗᵉ Grenier,
et de ses demandes de récompense pour leur
conduite distinguée (1).

---

(1) Le major d'artillerie Bernard, qui a dirigé
le feu de nos batteries avec intrépidité et un talent
remarquable.

Le chef de bataillon du génie Tournadre, qui, sous la
plus vive fusillade, a fait établir différentes communications pour les passages de l'artillerie et des colonnes.

Le major Bruyère qui commandait les compagnies
d'élite d'avant-garde.

Le 9.ᵉ de ligne. — Les capitaines Parmentier,

(160)

Le 3 mars, la brigade Rambourg se porta
sur Reggio, où l'ennemi n'avait laissé qu'une
faible avant-garde, qui perdit quelques prisonniers; et la deuxième division prit position sur l'Enza. Le 4, le général Severoli,

---

Désetangs et Lemarchand. — Le lieutenant Lucot.
— Les sous-lieutenans Hutinet et Bouillard. — Le
caporal Richon.

Le chef de bataillon Fougerolle, du 25.ᵉ inf. de ligne.
— Le capitaine de grenadiers du 3.ᵉ bataillon, *idem*.

Le 102ᵉ de ligne. — L'adjudant-major Rey. — Le
lieutenant Dussert. — Le sous-lieutenant Couillé. — Les
sergens Martin et Francart. — Les voltigeurs Cornet
et Lafiteau.

Le chef d'escadron Méjan, aide-de-camp du Prince
Vice-Roi. — Corner, officier de l'état-major du
Prince. — Le lieutenant Mastrovick, officier de l'état-
major général; tous les trois en mission auprès du général Grenier.

Le lieutenant Barré, du 4.ᵉ d'artillerie à cheval. — Le
Maréchal des logis Toutseul, *idem*.

Le brigadier de gendarmerie Lambert. — Le gen-
darme Capiot.

Les chefs d'escadron Gilbert et Hubert, du 19.ᵉ de
chasseurs à cheval, avec tous leurs officiers.

Le capitaine Mege du 20.ᵉ de ligne. — Le chef de bataillon Bladinière, du 52.ᵉ, *idem*. — Le capitaine Béret,
idem. — Le chef de bataillon Pombardier, du 67.ᵉ, *idem*.
— L'adjudant major Lapierre, *idem*. — Le chef de bataillon Duret, du 101.ᵉ, *idem*. — Le capitaine Gerard,

avec

avec quatre bataillons de la division Gratien,
et trois bataillons Italiens, arriva à Reggio,
où il prit position, poussant son avant-garde,
composée du 1er. régiment de chasseurs à cheval Italiens, et de deux compagnies de volti-

---

idem. —Le capitaine Ladrière du 92.e régiment de ligne.

Officiers de l'état-major du Cte Grenier. —L'adjudant
commandant, Bazin de Fontenelle. —Le chef d'escadron
Ernouf. —Le capitaine Rivoire. —Le cap. Carel, aide-
de-camp. —Le lieutenant Pierlot, aide-de-camp,
touché trois fois par des balles, ainsi que son général.
—Le sous-lieutenant Boismont.

Le lieutenant Du Terque, du 2.e d'artillerie à pied. —
Le sergent Percié, *idem.* —Le chef de Bon Disbeck, du
1.er étranger. —Le capitaine Malconner, des voltigeurs,
et le sergent-major de cette compagnie.

Le 1.er de chasseurs à cheval Italiens. —Le colonel
Vilatte. —Le chef d'escadron Spini. —Les capitaines
Serapica, Rognerai et Grimonville. —Les lieutenans
Sacchi et Bellini.

MM. Bonvechiato et Scolari, officiers employés près
le général Rambourg. —Le capitaine Boniotti, aide-
de-camp du général Severoli. —Le capitaine Ruggi, du
7.e de ligne Italien.

Le 3.e de chasseurs à cheval Italiens. —Le colonel
Provasi. —Le chef d'escadron Saluzzo. —Le capitaine
Schafargis. —Le sous-lieutenant Surtori qui, avec un
maréchal des logis et le sapeur Semontachi, de la compagnie d'élite de ce régiment, ont fait mettre bas les
armes à 25 Autrichiens commandés par un officier.

geurs, au-delà du Rodano, entre Reggio et Rubiera. Le général Gratien prit, le 5, position sur l'Enza, avec quatre autres bataillons.

Après cette expédition, le général Grenier, repassant le Pô à Borgo-Forte, avec la division Rouyer et la brigade Jeanin, rentra le 6 mars à l'armée, derrière le Mincio. A cette même époque, le 5 mars, une reconnaissance, composée de 600 hommes du 2e. léger Italien, divisée en deux colonnes d'égale force, fut dirigée par le général Paolucci, de Governolo sur Casale, dont elle détruisit les fortifications, et ramena 57 prisonniers, y compris un lieutenant du régiment de Bianchi, après avoir tué six hommes à l'ennemi, et blessé trente, dont plusieurs étaient du nombre des prisonniers. Une des colonnes était commandée par le colonel Varèse, et l'autre par le chef de bataillon Zanella, qui, l'un et l'autre, remplirent bien leur devoir. Nous eûmes onze blessés, parmi lesquels trois officiers, dont le sous-lieutenant Bagolini, qui ne voulut jamais quitter sa compagnie, et qui, quoique blessé, tua, à lui seul, deux Croates. Le 7, l'armée occupa les positions suivantes : La division Fressinet, devant Borghetto, et à Monzambano. La division Quesnel, depuis Montalto jusqu'en face de Pozzolo. La division Marcognet, à Goïto et

Cerlongo. La division Rouyer, à Mantoue, d'où, le 9, elle passa à Marcaria et Bozzolo. La garde royale à Mantoue. La cavalerie en seconde ligne.

Cependant, dès le 6 mars, le corps Austro-Napolitain, voyant qu'on cessait de le pour-suivre, poussa une forte reconnaissance sur la division Severoli. L'avant-garde de cette division, trop éloignée du corps principal pour être soutenue, ayant été attaquée par deux bataillons, deux escadrons et de l'artillerie, fut renversée, et perdit une partie de ses vol-tigeurs. Le 7, le Roi de Naples marcha sur Reggio avec son armée, forte, sur ce point, d'environ 18,000 hommes. Le général Seve-roli ayant laissé dans la ville le général Soulier avec quatre bataillons français, avait placé en première ligne, et à quelque distance en avant, ses trois bataillons Italiens; la cavalerie était en arrière de la première ligne.

Le général Séveroli voyant sa première ligne attaquée, s'y porta en personne, et se trouvait à la tête des troupes les plus rapprochées de l'ennemi, pour les maintenir et leur donner l'exemple de la fermeté, afin de l'arrêter le plus long-temps possible, lorsqu'un boulet de canon lui emporta la jambe. Malgré ce grave accident, ce brave général fit appeler de suite le général Rambourg, et lui dit, avec le plus grand sang-froid, que ce n'était rien, qu'il fallait tenir ferme et se faire honneur.

Le général Rambourg, qui lui succéda sur ce point, fut obligé de se retirer à Reggio, où il opposa une si vive résistance aux attaques de l'ennemi, que le Roi de Naples, malgré la grande disproportion de forces, lui fit proposer de cesser le feu et d'évacuer la ville. Le général Rambourg y consentit; et ayant repassé le Crostolo, il se réunit le 8, derrière l'Enza, au général Gratien.

Quoique contraintes à ce mouvement rétrograde, les troupes qui combattirent dans la journée du 7 ne s'en firent pas moins beaucoup d'honneur, en opposant, vu leur petit nombre, une aussi vigoureuse résistance à toute l'armée Napolitaine réunie au corps de Nugent, et en leur faisant éprouver des pertes, notamment au moment où, par la route de Scandiano, l'ennemi redoublant d'efforts sur la porte du château, le général Rambourg le fit charger à la baïonnette par un bataillon d'infanterie de ligne Italien sorti de la ville, et un escadron du 19.ᵉ régiment de chasseurs à cheval. Dans cette charge, plus de 60 grenadiers hongrois furent tués, et on cita dans le rapport sur ces deux journées, comme s'étant particulièrement distingués ; le colonel Gavedoni, chef d'état-major de la division du général Severoli, et le chef d'escadron Brambilla, premier aide-de-camp de ce général ; ces deux officiers étaient par tout où ils pouvaient rendre quelque service, excitant les troupes au combat, et leur donnant l'exemple du courage et du dévouement ; le colonel Porro, du 1.er de ligne Italien, souvent blessé, et qui le fut dans cette circonstance, d'un coup de feu ; le capitaine Mazzari, qui eut une jambe emportée ; les lieutenans Brugnetti et Franzioli, et les sous-lieutenans Canella et Vandelli, du même régiment ; le chef d'escadron Botard, du 1.er de chasseurs Italiens ; le chef de bataillon Meneselon, du 7e. de ligne Italien ; les capitaines Braco et Marotti, du même régiment, blessés grièvement.

Notre perte fut de 420 hommes, tant tués que blessés ou prisonniers ; celle de l'ennemi doit avoir été plus considérable, quoique nous ne lui eussions fait qu'une centaine de prisonniers.

Le 8, le général Gratien se replia derrière le Taro, où il prit position, son avant-garde en avant de Castel-Guelfo, la brigade Soulier en arrière du même lieu, et la brigade Vandeden à Sanguinara.

Le 8, la redoute de la Cavanella d'Adige

Blocus de
Venise.
Du 8 mars
au 1.er avril.

fut attaquée par 800 hommes de troupes ennemies, et cinq canons. L'attaque fut repoussée avec perte. Une nouvelle attaque, faite le 15, eut le même sort. Le 19, une partie de la garnison de Treporti repoussa les avant-postes ennemis de ce côté, et rélargit un peu le blocus. Le lendemain, et les jours suivans, les Autrichiens renouvelèrent, et toujours sans succès, leurs attaques sur la Cavanella. Le général Seras, prévoyant que l'ennemi emploierait toutes ses forces pour se rendre maître de ce poste, en fit enlever l'artillerie, les munitions et les vivres le 22. Le 23, l'ennemi passa l'Adige en forces, et s'empara de la redoute Sta.-Anna. Alors la garnison de la Cavanella se trouvant coupée, abandonna son poste, et se fit jour, la baïonnette en avant, au travers des Autrichiens, qui, malgré leur supériorité, ne purent l'empêcher de passer. Le 1.er avril, la station de deux bateaux canonniers, qui étaient à Alletresse, ayant été attaquée par 300 hommes, avec trois pièces de campagne, fut obligée de se retirer en combattant.

Reconnais-
sance sur toute
la ligne.
Le 10 mars.

Le 10 mars, le Prince Vice-Roi ordonna, sur toute la ligne, des reconnaissances dans la direction de Roverbella, de Villa-Franca, de Castiglione Mantovana, de Castellaro et d'Ostiglia. L'effet de ces reconnaissances fut d'obliger l'armée Autrichienne à se concentrer à Vérone, ayant une avant-garde sur Villa-Franca, et une sur Castelnuovo, et ses bagages derrière l'Adige. L'ennemi perdit, dans cette journée, environ 400 hommes mis hors de combat, et 100 prisonniers : on eut à se louer des bonnes dispositions des généraux Jeanin, Pegot, Galimberti, et des colonels Paolucci et Cecopierri, chargés chacun du commandement de deux des cinq colonnes. Celle du général Pegot, composée des compagnies d'élite des 7.ᵉ, 9.ᵉ, 10.ᵉ et 42.ᵉ régimens d'infanterie de ligne, attaqua et battit l'ennemi commandé par le général Bongarden, à la forte position de Salionze, lui tua du monde, et ramena quelques prisonniers.

Nous eûmes à regretter le capitaine Lami, du 42.ᵉ régiment, qui fut tué, et le capitaine Duportail, du même corps, qui, blessé grièvement de plusieurs coups de sabre sur la figure, en se battant avec la plus grande bravoure, tomba au pouvoir de l'ennemi : il guérit ensuite de ses blessures.

Dans les premiers jours du même mois, le duc d'Otrante, commissaire-général de l'Empereur Napoléon, fit connaître au général Miollis, qui se trouvait encore au château St.-Ange, la convention qu'il avait conclue le

24 février, à Lucques, avec le lieutenant-général Lechi, gouverneur pour le Roi de Naples
en Toscane. Cette convention stipulait l'évacuation du château St.-Ange, et de Civita-Vecchia, et la remise de ces places aux Napolitains.
Les garnisons devaient être transportées par
mer, à Marseille, aux frais du Roi de Naples.
En conséquence, le 10 mars, les troupes Françaises sortirent du château St.-Ange avec armes et bagages, et leur caisse militaîre, pour
se retirer à Civita-Vecchia, où les deux garnisons devaient être embarquées. Mais les
transports nécessaires n'ayant pas été fournis,
ces troupes furent dirigées sur Viterbe, d'où
elles se rendirent, par Florence et Bologne, à
l'armée d'Italie, qu'elles précédèrent pour repasser les Alpes. Les bagages seuls et le dépôt
du 2.e étranger furent embarqués.

Cependant les Anglais, après la reddition de
Livourne, avaient fait venir un nouveau transport des troupes qu'ils avaient en Sicile. Lorsqu'ils eurent avis de la prochaine arrivée de ce
renfort, ils se mirent en marche le long de la
côte; et, le 23 mars, prirent position à la gauche
de la Magra, et s'emparèrent de Sarzana. Le 23,
les troupes venues de Sicile débarquèrent à
Lerici, sous la protection de plusieurs bâtimens
de guerre. Les canonniers gardes-côtes aban-

donnèrent leurs batteries, et l'ennemi fit sauter le magasin à poudre de la batterie Sainte-Thérèse, dont l'explosion fut si forte, qu'elle produisit, sur la côte orientale du golfe, un brouillard qui dura près d'une heure. Le même jour, il y eut quelques engagemens sur la Magra; mais les troupes débarquées à Lerici, s'étant approchées de la Vara, le général Rouyer-St.-Victor craignit d'être coupé, et se décida à la retraite sur Chiavari. Il laissa une garnison suffisante au fort S^{te}.-Marie, confia la garde des forçats à la municipalité de la Spezia, et se mit en mouvement le 26. Cette retraite était d'autant plus nécessaire, que l'ennemi pouvant débarquer en forces à Chiavari, Rappalo ou Recco, le général Rouyer pouvait se trouver coupé, et la ville de Gênes privée de la moitié de ses moyens de défense. Le général Rouyer St.-Victor vint prendre position, le 28, à Sestri di Levante, pour protéger les batteries du golfe de Rapallo, et couvrir Chiavari. Il fit également occuper les hauteurs, afin de couvrir la retraite des troupes qu'il avait envoyées à Pontremoli et Borgo di val Taro, d'où elles avaient réussi, le 18, à chasser l'ennemi.

Par ce mouvement, l'ennemi, qui était maître de la Spezia et de toute la vallée de Magra, menaçait la droite de la ligne de Taro.

Le Prince Vice-Roi venait d'envoyer le général Maucune pour prendre le commandement des corps détachés de la droite de l'armée d'Italie, qui gardait cette ligne, et qui était composée ainsi qu'il suit :

Le général de division Maucune, commandant le corps détaché, ayant sous ses ordres le général Gratien, commandant la division.

1.ere brigade, le général Vandéden.

1.re 1/2 brigade p.^{re} {	10e de ligne......................	1 batail.
	84e *id.*	1 *id.*
	92e *id.*	1 *id.*
2.e *id.* {	9e *id.*	1 *id.*
	35e *id.*	1 *id.*

2.e brigade, le général Soulier.

3.e 1/2 brigade p.^{re} {	53e de ligne................	1 batail.
	106e *id.*	1 *id.*
1.er léger.	....	1 *id.*
42.e de ligne.	....	1 *id.*
137.e *id.*	....	1 *id.*

3e brigade, le général Rambourg.

1.er Italien (de ligne)	....	1 batail.
1.er *id.* (de chasseurs à cheval)	....	4 escad.
3.e *id.*	....	2 *id.*
19.e de chasseurs français.	....	3 *id.*

Total : 11 bataillons, 9 escadrons, 12 bouches à feu.

Il n'y eut, dans le reste du mois de mars, aucun événement remarquable dans l'armée, si ce n'est un petit combat naval sur le lac de Garda, près de Torry, entre notre flottille, commandée par le capitaine Tempié, de la marine Italienne, et la flottille Autrichienne, composée de huit canonnières. Ce combat dura deux heures; trois canonnières de l'ennemi coulèrent bas, et le reste de sa flottille fut obligé de se réfugier et de s'échouer sous la protection de ses batteries de Torry et de la mousqueterie des troupes de terre. L'ennemi eut trente-cinq hommes hors de combat et nous un homme tué et six blessés, parmi ces derniers le brave capitaine Tempié, qui reçut un coup de mitraille à la cuisse. Le Prince Vice-Roi prescrivit de faire mention, à l'ordre de l'armée, de sa satisfaction particulière, tant au commandant qu'aux officiers et marins composant le personnel de la flottille du lac de Garda, qui avait obtenu cet avantage.

Le général Villatta, informé que l'ennemi avait poussé des troupes légères sur Gonzaga, Suzzanna et Tolcino, se dirigea de Borgoforte sur ce dernier point, dans la nuit du 30 au 31 mars, avec une partie du 2.ᵉ régiment d'infanterie légère et quelques chasseurs à cheval du 3.ᵉ régiment Italien; il attaqua l'ennemi qui fit une vigoureuse résistance, lui tua et blessa quelques hommes, et lui fit quarante-trois prisonniers, parmi lesquels un major de hussards et deux officiers.

Le général Villatta eut à se louer du colonel Ambroggi, du 2.ᵉ léger, du capitaine Zaffiro, commandant les chasseurs à cheval, et de son aide-de-camp auquel il avait confié le commandement de l'avant-garde de cette petite expédition.

Avril 1814.
Blocus de Venise.

A cette époque, les Anglais resserrèrent leur blocus par mer. Ils avaient trois vaisseaux et plusieurs bâtimens légers sous les ordres du contre-amiral sir John Gover. Le 6, les deux frégates Italiennes, la Princesse de Bologne et la Piave, qui étaient dans la rade de Chioggia, et qu'un plus long séjour pouvait compromettre, profitèrent de l'éloignement momentané de la station ennemie, et rentrèrent dans le port de Venise. Elles s'y placèrent à l'embouchure du canal de St.-Marc, à côté des vaisseaux le Castiglione, le Régénérateur et le St.-Bernard.

Siége de Gênes.

Le 1ᵉʳ. avril, la place de Gênes fut déclarée en état de siége. Les mesures qu'occasionna l'état de siége, tant pour l'approvisionnement de la place et des habitans, que pour la répression des insurrections, furent concertées entre le général Frésia et les autorités du pays. La police intérieure surtout était l'objet qui devait intéresser le plus, et qui exigeait absolument une surveillance active et le concert des autorités civiles et militaires. Les Anglais forts, par esprit national, dans l'art de la séduction, s'étaient ménagé des intelligences dans la place et dans les villages environnans ; des signaux organisés et connus de la flotte leur rendaient compte de la situation du pays et des mouvemens des troupes depuis Rapallo jusqu'à Savone.

Les Anglais ayant débarqué de nouvelles troupes dans le golfe de la Spezia, pendant les premiers jours d'avril, pressèrent si vigoureusement le fort Ste.-Marie, qu'au bout de quatre jours il fut obligé de capituler. Les vaisseaux Anglais s'approchèrent de la côte au-dessous de Gênes. Le 4, ils firent avancer quelques embarcations vers Voltri. Mais toutes ces démonstrations n'avaient pour but que de cacher les mouvemens qu'ils voulaient faire sur la côte du Levant, et à en détourner l'attention de la garnison de Gênes.

Le 6, il fut ordonné au général Callier, commandant le département de Montenotte, de faire partir de Savone 200 hommes du 102.e de ligne, pour être placés à Voltri et à Sestri (di Ponente), afin de protéger les batteries de côté, et s'opposer aux petits débarquemens que l'ennemi voudrait faire pour y entretenir des communications journalières.

Le 7, le général Rouyer-St.-Victor fut attaqué dans la position de Sestri (di Levante) par des forces supérieures. Le combat se soutint pendant toute la journée : les grenadiers et les voltigeurs du 101.ᵉ de ligne firent des prodiges de valeur, mais le général Rouyer pouvant être tourné par la vallée de Fontana-Buona où quelques mouvemens populaires avaient commencé, abandonna, d'après ses instructions, Sestri, dans la nuit, pour se retirer vers Rapallo ; il prit position en arrière de ce point près de la montagne de Porto-Fino, sa droite au château de St.-Georges, le centre à Sainte-Marguerite, et la gauche à Pietra-Ritta ; il laissa une petite avant-garde à Rapallo, et fit éclairer la crête des montagnes, vers Scafera, pour observer Fontana-Buona et les mouvemens populaires de cette vallée. Lord Bentinck, commandant les troupes Anglaises de terre et de mer, y avait envoyé un homme du pays, nommé Liveroni, expatrié, et qui était alors major dans les troupes Anglaises. Dans la nuit du 7 au 8, les Anglais firent plusieurs petits débarquemens et sondèrent les mouillages de la côte. Les embarcations Anglaises parcoururent sans cesse la côte depuis Nervi jusqu'à Comoglia : sept d'entre elles firent feu sur Recco depuis la pointe du jour jusqu'à dix heures du soir; elles avaient des troupes à bord; mais la bonne contenance du détachement Français les empêcha de débarquer. Le détachement de Rapallo fut également canonné le 8.

Le 9, le général Pegot, que le Prince Vice-Roi avait envoyé à Gênes, fut chargé par le général Fresia de remplacer le général Rouyer-St.-Victor. Le même jour, Recco fut encore fortement canonné par l'ennemi; le lendemain le feu se renouvela; mais celui d'un obusier et d'un mortier, qui furent placés sur la hauteur entre Recco et Comoglia, obligèrent les embarcations et la frégate qui les soutenait, à prendre le large. Cependant ces deux bouches à feu ayant été établies à la hâte, leur service ne put durer long-temps, et alors les embarcations Anglaises se rapprochèrent.

Le 9, au soir, le général Pegot ayant appris qu'un détachement Autrichien du corps de Nugent s'était réuni aux insurgés de Fontana-Buona, et voyant que les Anglais ne cessaient de faire feu sur Recco et Sori, se décida à quitter sa position pendant la nuit. La retraite se fit en bon ordre, et le 10, au matin, le général Pégot occupa la position de Montefascio; cette position aurait été excellente avec un plus grand nombre de troupes.

Les Anglais avaient devant Gênes neuf vaisseaux de ligne et trois ou quatre frégates, ainsi qu'un grand nombre de transports. On les vit se diriger sur Savone, ce qui fit craindre un moment pour la plage très-abordable, qui s'étend de St.-Pietro d'Arena à Arenzano ; cette plage n'était gardée que par trois détachemens du 102.ᵉ de ligne, placés à Arenzano, à Voltri et à Sestri.

Le 11 avril, le capitaine du vaisseau Anglais, l'Aboukir, envoya par un parlementaire une lettre de son amiral au général Fresia ; cette lettre contenait des propositions d'arrangement pour le cabotage, et des plaintes de ce qu'on avait fait feu sur ses embarcations. Le ridicule et la mauvaise foi de cette démarche étaient trop visibles pour qu'on pût y répondre ; on se borna à en faire l'observation au parlementaire.

Le 12, l'ennemi attaqua le général Pegot dans la position de Montefascio. On se battit pendant toute la journée, mais le général Pegot voyant l'impossibilité de résister, fit sa retraite pendant la nuit ; il vint occuper la position de la Sturla, sur les hauteurs d'Albaro, la droite à la mer, couverte par une batterie de 4 pièces, et la gauche au fort de Richelieu. Dans la même nuit, les Anglais tentèrent un débarquement

débarquement à Arenzano, mais ils furent repoussés.

Le 13, le général Maucune, qui comman- Affaire du Taro. Le 13 avril. dait toujours l'aile droite de l'armée, fut attaqué sur le Taro. Il opposa la plus vive résistance à l'ennemi, mais étant débordé par des forces supérieures, il fut obligé de se replier à Fiorenzuola, et de là, derrière la Nura. Le 14, au soir, il fut de nouveau débordé, forcé sur ce torrent, et obligé de se retirer sous les murs de Plaisance. A la nouvelle de ces mouvemens de l'ennemi sur la droite de l'armée, le Prince Vice-Roi fit passer à Bozzolo et à Casal Maggiore la garde royale; la division Rouyer passa en seconde ligne à gauche, à Guidizzolo; les autres divisions restèrent en position.

C'est à cette époque que le Prince Vice-Roi Convention pour l'évacuation de l'Italie. fut informé par l'ennemi, il est vrai, mais de manière à ne laisser aucun doute sur la véracité de la communication, du résultat des revers éprouvés par les armées Françaises, quoique l'armée d'Italie eût toujours été victorieuse (1).

____

(1) Ceci est de notoriété pour tous ceux qui se trouvaient en Italie, mais s'il existait quelques doutes pour ceux qui n'y étaient point, ils seront levés par l'extrait suivant d'une lettre, datée de Châtillon, le 30 mars 1814, du vicomte Castelreagh au lord W. Bentinck, chargé des

Il consentit alors à la proposition faite par le maréchal de Bellegarde, de traiter avec lui pour l'évacuation de l'Italie. Des commissaires furent en conséquence nommés de part et d'autre (1). Le 16 avril, il fut signé une convention militaire, portant en substance que les troupes Françaises sous les ordres du Prince Vice-Roi, rentreraient dans les limites de l'ancienne France ; que les troupes Italiennes continueraient à occuper la partie du royaume d'Italie où elles se trouvaient, et que les places d'Osopo, Palma Nova, Venise et Legnago seraient remises de suite aux Autrichiens.

Siége de Cênes. Le 13 avril, le général Callier reçut ordre de partir de Savone avec toutes ses troupes, la batterie mobile et tous les fusils réparés pour se rendre à Sestri. Il devait protéger la

---

opérations sur Gênes, et d'exciter le soulèvement des habitans contre le gouvernement Français.

« Mécontentement de ce que la grande supériorité » des forces des alliés sur le maréchal Beauharnais » n'a pas encore produit les résultats qu'on a droit d'en » attendre ».

(1) Le général, chef du génie Dode de la Brunerie et le général Zucchi, gouverneur de Mantoue, par le Prince Vice-Roi, et le lieutenant-général Neiperg, commandant l'avant-garde de l'armée Autrichienne, par le maréchal de Bellegarde.

batterie de Sestri et empêcher un débarquement à St.-Pierre d'Arena. Le point de Conegliano devant être occupé, lui avait été indi-
qué pour retraite s'il était forcé à Sestri.

Le même jour les Anglais débarquèrent à
Nervi, de l'infanterie, de l'artillerie et quelque
cavalerie, et attaquèrent la position de Sturla.
Au commencement de l'action les canonniers
gardes-côtes de la batterie de la Sturla en-
clouèrent les pièces et abandonnèrent leur
poste. Le général Pégot les ramena l'épée à la
main à leur poste, fit désenclouer les pièces
et recommencer le feu. Peu après ce général
fut blessé; le général Piat qui se trouvait près
de là le remplaça. Le combat dura toute la
journée sur les hauteurs d'Albaro, et vers le
soir, les obusiers de l'ennemi parvinrent à détruire la batterie de la Sturla. Pendant la nuit
on rectifia la position en la liant à la batterie
de la tour d'Amour. Les canonniers de cette
batterie et de celle de Lavagno-St.-Michel,
ayant abandonné leurs postes, furent rem-
placés par des canonniers de ligne.

Le 14, les Anglais renouvelèrent leur attaque sur la position d'Albaro. Lord Bentinck
y était en personne. On se battit toute la journée avec le plus grand acharnement. Lord
Bentinck avait fait annoncer aux Génois, par
un émissaire, qu'il serait le lendemain dans

leurs murs ; il comptait sur la supériorité de ses forces. Ces menées occasionnèrent quelques attroupemens dans la ville, et le général Fresia crut devoir inviter la municipalité à mettre la garde nationale en activité, quoiqu'il y eût déjà quelque fermentation dans ce corps. Mais il n'y avait pas d'autre moyen de maintenir la tranquillité. La désertion avait réduit la marine à l'armement d'un seul brick. Le même jour lord Bentinck, dont on ne recevait plus les parlementaires, fit déposer sur un rocher une lettre contenant les nouvelles de Paris, qu'on avait déjà reçues de Turin, mais non officiellement, par l'intermédiaire de M. de Brissac, préfet à Alexandrie.

Le 15, le feu recommença vers Albaro, et dura presque toute la journée. Le 16 le Moniteur venu de Turin, augmenta la fermentation parmi le peuple. Les autorités civiles reçurent le décret d'organisation du gouvernement provisoire et des ordres administratifs. Le gouverneur général ne reçut rien. Pendant ce temps l'ennemi ayant pu faire approcher ses frégates et ses embarcations de la côte, faisait ses préparatifs pour une attaque générale sur la position d'Albaro. La fermentation était au plus haut degré dans la ville et sur le littoral ; les habitans fatigués de cet état de choses, et dans leur absurde confiance, flattés de l'espoir du rétablissement de leur ancien gouvernement, d'après la proclamation des Anglais aux peuples d'Italie, ajoutaient une foi complette à leurs promesses fallacieuses. A Porto-Maurizio on chercha à empêcher les canonniers de tirer sur les bâtimens Anglais. Les compagnies du 1.er régiment de gardes nationales mobiles de Toulon, qui étaient à Porto-Maurizio et à Alassio, en étaient parties pour remplacer le 102.e à Savone.

Le 17, à deux heures du matin, les Anglais firent une fausse attaque entre Sestri et St-Pierre d'Aréna, avec un grand fracas d'artillerie. A cinq heures du matin, ils ouvrirent le feu de la batterie qu'ils avaient élevée à la gauche de la Sturla, presqu'en face de celle détruite, le 13. Ils approchèrent leurs bâtimens de la côte et attaquèrent avec toutes leurs forces, montant à plus de 15 mille hommes, les postes de Saint-Martin et St.-François d'Albaro. Nos troupes se virent forcées de les évacuer, ainsi que le plateau entre les forts Richelieu, Ste-Thecle et Madona del Monte. Les batteries de la Tour d'Amour et de St.-Michel de Lavagno, prises à revers, furent enlevées, et l'ennemi jeta quelques bombes dans la ville. La fermentation y fut extrême ; le maire et l'évêque se rendirent près du général Fresia pour l'engager à capituler. Ce général, qui avait reçu du général Vignolle la notification de la convention du 16, permit à la municipalité d'envoyer une députation au général Anglais pour l'engager à suspendre le feu, mais ce n'était pas là le but de ce dernier. On voulait assurer la liberté et l'indépendance des Génois par des moyens qui ne laissassent à leur disposition ni arsenaux, ni marine. Lord Bentinck refusa toute proposition et exigea qu'on livrât la ville, les forts Ste.-Thecle et de Richelieu ayant capitulé. Les troupes Françaises se retirèrent alors, en bon ordre, derrière le Bisagno, et les Anglais ne dépassèrent pas St.-Martin d'Albaro.

La fermentation dans la ville augmenta pendant la journée et la nuit du 17, sans que la garde nationale se mît en peine de la calmer. Le 18, elle était à son comble et le drapeau Génois flotta publiquement dans les rues. Le général Anglais l'avait fait arborer sur le Montefascio et avait fait passer dans la ville plusieurs exemplaires de la proclamation, promettant aux peuples d'Italie cette indépendance si désirée; ses émissaires répandaient de l'argent. Il espérait, par ces menées, intimider le général commandant et la garnison.

C'est ainsi qu'on se jouait de la bonne foi ; le sort des Génois était sans doute déjà décidé, lorsqu'on leur promettait encore cette indépendance qu'ils ne pouvaient comprendre autrement qu'avec le rétablissement de leur ancienne république.

Le 18, vers midi, lord Bentinck envoya à Gênes le lieutenant-général Macferlan, pour hâter la reddition, menaçant, en cas de refus, de recommencer les attaques et de bombarder la ville. La journée se passa en pourparlers, et dans la nuit suivante, la convention d'évacuation de Gênes fut signée. Le 21 à 8 heures du matin, la garnison sortit avec armes et bagages, et six pièces de canon, mêche allumée, et prit la route de Savone, où elle arriva le 22. De Savone elle se dirigea en deux brigades, la première commandée par le général Morangié, et la seconde par le général Piat sur Acqui, d'où le lendemain elles continuèrent leur marche. Savone capitula deux jours après.

Les forces de terre et de mer que les Anglais employèrent au siége de Gênes, consistaient en 16 à 18 mille hommes de troupes de terre, dont 6 à 7 mille Anglais, le reste Italiens, Siciliens et Hanovriens au service d'Angleterre. L'escadre commandée par l'amiral Pellew (depuis lord Exmouth) consistait en trois vaisseaux à trois ponts, 6 de 74, 7 frégates, 12 à 15 bricks et un grand nombre de bâtimens de transport.

Ces forces furent augmentées, quelques jours après, de 6 mille Siciliens, d'un régiment Anglais, de quelques détachemens de cavalerie, de deux vaisseaux de ligne et de 150 transports. Toute cette expédition était destinée pour le siége de Toulon. La paix arrêta ce projet.

Reddition de Venise.
Le 20 avril.

Dès le 12 avril, à Venise, des salves d'artillerie sur tous les points de la ligne et à bord des vaisseaux Anglais annoncèrent les succès des armées alliées en France ; et le 16, au moyen d'un parlementaire que l'amiral Anglais envoya au gouverneur avec des propositions pour la reddition de la place, on apprit leur entrée dans Paris et ce qui, jusqu'alors, s'en était ensuivi.

Les propositions de l'amiral furent rejetées. Mais le 19, la convention conclue entre le Prince Vice-Roi et le maréchal de Bellegarde ayant été officiellement communiquée au général Seras, les Autrichiens entrèrent le 20 dans les lagunes et commencèrent à occuper les postes.

Cette convention n'avait point décidé d'une manière claire et précise le sort de la marine de Venise. Le 21, le capitaine de pavillon de l'amiral Anglais, renouvela, en son nom, les propositions pour la reddition de la place. Lui et son amiral ignoraient ou feignaient d'ignorer la convention du 16, quoique le dernier ait été à Vérone jusqu'au 19. Il est vrai que cette convention avait été conclue sans la participation de sir John Gover, mais il est impossible de croire qu'il l'ait entièrement ignorée. Il est bien plus probable qu'en sa qualité de commandant le blocus de mer, il ait cherché à s'emparer de la marine de Venise, comme on l'avait fait à Gênes, pour en disposer, suivant le système de son gouvernement.

Cependant le contre-amiral Duperé demanda des instructions. Elles lui arrivèrent le 22, et leur contenu, qui était un article additionnel à la convention, lui prescrivit de remettre aux Autrichiens l'arsenal et le matériel des marines Française et Italienne.

Le 19, l'armée Française d'Italie abandonna la ligne du Mincio et du Pô pour rentrer en France. La veille, le Prince Vice-Roi avait adressé à l'armée la proclamation dont l'extrait suit : Evacuation de l'Italie.

SOLDATS FRANÇAIS!

« De longs malheurs ont pesé sur notre
» patrie. La France cherchant un remède à

» ses maux, *s'est replacée sous son antique*
» *égide.* Le sentiment de toutes ses souf-
» frances s'efface déjà pour elle dans l'espoir
» du repos si nécessaire après tant d'agitations.

» En apprenant la nouvelle de ces grands
» changemens, votre premier regard s'est
» porté vers cette mère chérie, qui vous rap-
» pelle dans son sein. Soldats Français ! Vous
» allez reprendre le chemin de vos foyers.
» Il m'eût été bien doux de pouvoir vous y
» ramener ; dans d'autres circonstances, je
» n'eusse cédé à personne le soin de conduire
» au terme du repos les braves qui ont suivi
» avec un dévouement si noble et si constant
» les sentiers de la gloire et de l'honneur.

» Mais en me séparant de vous, d'autres de-
» voirs me restent à remplir auprès du peuple
» Italien.

» Soldats Français ! en restant encore auprès
» de ce peuple, soyez certains que je n'ou-
» blierai jamais la confiance que vous m'avez
» témoignée au milieu des dangers, ainsi que
» dans les circonstances politiques les plus
» épineuses, et que mon attachement et ma
» reconnaissance vous suivront partout. »

Le lieutenant-général Grenier prit le commandement de l'armée, qui, au moment de
commencer son mouvement rétrograde, en

exécution de la convention du 16 avril, adressa
au prince Vice-Roi l'expression de ses sentimens et de ses vœux particuliers, de la manière suivante :

» Avant de se mettre en marche pour rentrer
» au sein de la patrie, l'armée Française se
» fait un devoir de déposer aux pieds de
» V. A. I., les sentimens de reconnaissance et
» de vénération dont elle est pénétrée envers
» son auguste personne.

» L'armée d'Italie se glorifiera toujours de
» son chef : avoir servi sous V. A. I., est
» devenu un titre d'honneur.

» Puisse-t-elle toujours jouir du bonheur
» et de la gloire qu'elle mérite par ses belles
» et nobles qualités ! C'est le vœu de l'armée
» entière, qui a su les apprécier dans tant
» d'occasions, et qui en conservera à jamais
» le souvenir.

» Mantoue, le 18 avril 1814. »

Le lieutenant-général Grenier publia à la
même époque l'ordre du jour suivant :

» Soldats Français,

» La proclamation de S. A. I. le prince
» Vice-Roi d'Italie, a fait connaître les motifs
» qui l'obligent à retourner en France.

» On annonce que de grands changemens
» ont eu lieu dans notre patrie, mais rien

» d'officiel à ce sujet ne nous est encore par-
» venu. En attendant que la ligne de nos
» devoirs nous soit tracée; continuons de
» marcher dans le chemin de l'honneur; con-
» servons cette attitude calme, noble et fière
» qui nous a mérité l'estime du prince, celle
» des peuples d'Italie, de son armée et même
» de l'ennemi.

» Les ordres du gouvernement nous par-
» viendront sans doute avant d'arriver à nos
» frontières, notre devoir est d'obéir; nous
» n'avons pas à délibérer. En ne nous livrant
» pas à des suggestions étrangères, en ne dé-
» viant pas du sentier de l'honneur, en con-
» servant cette discipline qui distingue l'armée
» Française, la patrie reverra une armée digne
» d'elle, et toujours prête à défendre sa cause.»

L'armée fut retardée dans ses mouvemens
par les troubles de Milan qu'elle devait con-
tribuer à appaiser. Cet objet rempli, elle passa
le Tesin, et, le 4 mai déjà au-delà de la Sezia,
elle se réunit au corps de droite, qui fut fondu
dans les quatre divisions.

Dès le 25 avril, le quartier-général étant à
Pavie, le général en chef comte Grenier publia
l'ordre du jour ci-après, prescrivant d'arborer
la cocarde blanche.

(189)

» Soldats!

» Vous avez suivi ponctuellement les dispo-
» sitions de l'ordre du jour, en date du 18 de
» ce mois ; vous avez attendu avec calme que
» les événemens qui ont eu lieu en France
» vous soient connus officiellement ; vous êtes
» restés dans le chemin de l'honneur et dans
» la ligne de vos devoirs ; je vous en remercie.
» Je dois aujourd'hui remplir les miens envers
» vous ; je dois vous faire connaître :

» Que les actes du gouvernement depuis
» le 1.er avril, et qui ne nous étaient parvenus
» que par des voies étrangères, sont annoncés
» par les bulletins des lois ; ils sont dès-lors
» officiels :

» Que l'abdication de l'Empereur Napoléon
» à l'empire Français, est formelle ; que le sénat,
» le peuple et cette abdication même, nous
» délient de nos sermens envers lui :

» Qu'un acte constitutionnel du sénat et le
» vœu de la patrie rappellent les Bourbons
» au trône qu'ils ont illustré pendant tant de
» siècles, et que Louis-Stanislas-Xavier est
» proclamé Roi des Français.

» Soldats ! l'honneur et la patrie nous ran-
» gent sous sa bannière. Dégagés de nos anciens

(190)

» sermens, offrons-lui l'hommage pur de notre
» fidélité et de notre dévouement. Son avéne-
» ment au trône nous présage un avenir plus
» heureux; les beaux jours de la France re-
» naîtront sous Louis XVIII, et bientôt ses
» vertus lui assureront tous les droits de ses
» ancêtres à l'amour des Français.

» Copie du présent ordre du jour sera adres-
» sée à S. E. le ministre de la guerre, à Paris;
» j'attendrai ses ordres ultérieurs pour la pres-
» tation de serment de fidélité que nous devons
» à Louis XVIII. Cependant l'armée Française
» en Italie, digne de son nom, de son Roi et
» de sa patrie, arborera dès ce jour la co-
» carde blanche, ralliement chéri des Français.
» MM. les généraux et chefs des corps pren-
» dront de suite les mesures nécessaires pour
» se la procurer, et pour que tous les individus
» en soient décorés en arrivant à Turin. »

*A cette époque, l'organisation de l'armée était
la suivante, ainsi que sa force.*

Le lieutenant-général C.te GRENIER, commandant en
chef.

Le lieutenant-général C.te VIGNOLLE, chef de l'état-
major.

Le lieutenant-général B.on S.-LAURENT, commandant
l'artillerie.

Le colonel RAVICHIO, chef de l'état-major.

Le colonel Moydier, commandant le génie. (En l'absence du général Dode, envoyé en mission, à Paris). — Le chef de bataillon du génie Beaufort d'Hautpoul, chef d'état-major.

Disponibles.

Le lieutenant-général Bon Maucune. — Le maréchal de camp Bon Vandeden. — Le maréchal de camp Bon Soulier, qui fut laissé à Turin pour attendre les garnisons des places.

L'adjudant commandant Morizot de Marzy, sous-chef de l'état-major général.

Le sous-inspecteur Pradel, f. f. d'inspecteur aux revues.

L'ordonnateur Regnault, ordonnateur en chef.

1.re Lieutenance, dépendante directement du général en chef.

L'adjudant - commandant Bazin - Fontenelle, chef d'état-major.

2.e Division, le lieutenant-général Rouyer.

Le chef de bataillon Ernouf, faisant fonctions de chef d'état-major.

Maréchal-de-camp, Bon Schmitz.
— 9e régiment de ligne......... 5 batail.
— 28e 1/2 brigade p^{re}.
    52e de ligne.. 1 *id.*
    67e *id.*.... 1 *id.*

Maréchal-de-camp, Bon Darnaud.
— 3e léger............... 2 *id.*
— 86e *id.*............... 2 *id.*
— 35e *id.*............... 4 *id.*

Total : 3,527 hommes présens et 4,297 aux hôpitaux, 12 bouches à feu.

4.e Division, le lieutenant-général Marcognet.
Le colonel Desbrest, chef d'état-major.

Maréchal-de-camp, Bon Jeanin.
— 29e 1/2 brigade p^{re}.
    6e de ligne.. 1 batail.
    36e *id.* . 2 *id.*
    101e *id.* . 1 *id.*
— 102e de ligne:............... 2 *id.*

Maréchal-de-camp, Bon Roque.
— 31e 1/2 brigade...
    131e de ligne.. 1 *id.*
    132e *id.* . 1 *id.*
    1er étranger. 1 *id.*
— 106e de ligne............... 3 *id.*

Total : 4,855 hommes présens et 3,961 aux hôpitaux, 12 bouches à feu.

2ᵉ Lieutenance, le lieutenant-général C.ᵗᵉ VERDIER.

L'adjudant-commandant DE QUERELLES, chef d'état-major.

1ʳᵉ Division, le lieutenant-général QUESNEL.

L'adjudant-commandant DUPIN, chef d'état-major.

Maréchal-de-camp, B.ᵒⁿ CAMPI.
- 92ᵉ de ligne .... 4 batail.
- 30ᵉ 1/2 brigade ....
  - 1ᵉʳ léger .. 3 id.
  - 14ᵉ id. ... 1 id.
  - 10ᵉ de ligne .. 2 id.

Maréchal-de-camp, B.ᵒⁿ FORESTIER.
- 35ᵉ léger .... 2 batail.
- 84ᵉ de ligne .... 4 id.

Total : 5,367 hommes présens et 3,324 aux hôpitaux, 12 bouches à feu.

3.ᵉ Division, le lieutenant-général FRESSINET.

L'adjudant-commandant VERMUSEN, chef d'état-major.

Maréchal-de-camp, DE MONTFALCON.
- 7ᵉ de ligne .... 1 batail.
- 53ᵉ id. .... 4 id.

Maréchal-de-camp, B.ᵒⁿ GROSBON.
- 25ᵉ 1/2 brigade ....
  - 1ᵉʳ de ligne .. 1 id.
  - 16ᵉ id. .. 1 id.
  - 62ᵉ id. .. 1 id.
- 42ᵉ de ligne .... 4 id.

Total : 4,630 hommes présens et 2,669 aux hôpitaux, 8 bouches à feu.

CAVALERIE.

Le lieutenant-général B.ᵒⁿ MERMET, commandant.

Maréchaux-de-camp, B.ᵒⁿˢ BONNEMAINS et GENTIL-SAINT-ALPHONSE.
- 19ᵉ chasseurs .... 3 escad.
- 31ᵉ id. .... 4 id.
- 1ᵉʳ d'hussards .... 4 id.

RÉSERVE D'ARTILLERIE.

18 bouches à feu, 444 hommes présens et 78 aux hôpitaux.

GRAND PARC.

9 bouches à feu, 1,408 hommes présens et 212 aux hôpitaux.

RÉCAPITULATION :

77 bouches à feu ....
- Infanterie .... 18,379 hommes présens.
- Cavalerie .... 2,352 id.
- Artillerie et génie .... 3,348 id.

TOTAL .... 24,079.

- Aux hôpitaux .... 14,977.

TOTAL EFFECTIF .... 39,056.

L'armée

(193)

L'armée d'Italie était rendue à Turin et dans
les environs le 5 mai; il lui fut alors donné
connaissance de l'ordre du jour suivant par
lequel le général en chef, lui exprimait sa satisfaction de sa bonne conduite.

» Soldats !

» Vous avez répondu à la confiance que
» j'avais en vous; je n'ai qu'à me louer de votre
» bonne conduite et de la discipline que vous
» avez observée en traversant l'Italie; conser-
» vez l'une et l'autre en entrant sur le terri-
» toire Français. Une partie du pays qui se
» trouve sur notre passage est pauvre et dénuée
» de ressources; il est possible que, malgré
» toutes les précautions qui ont été prises,
» vous ayez à souffrir quelques privations;
» vous devez être certains que le premier soin
» des généraux qui vous commandent et le mien
» sera de les diminuer autant que possible ;
» j'espère toutefois que le bon ordre et la dis -
» cipline n'en seront point altérés, et que nos
» compatriotes trouveront l'armée d'Italie
» digne de sa renommée.
» Soldats ! je manquerais à la confiance que
» vous m'avez inspirée, si je vous parlais de
» désertion, je suis persuadé que vous serez
» fidèles à vos drapeaux, et que vous ne

13

» voudrez pas perdre, par une lâcheté, l'hon-
» neur de rentrer un jour sans tache au sein
» de vos familles, et la gloire de dire, *j'étais de*
» *l'armée d'Italie.*

» Je dois annoncer cependant que si, contre
» mon attente, quelqu'un de vous, oubliant
» ses devoirs, abandonnait ses drapeaux, il
» serait poursuivi et jugé sur-le-champ, selon
» la rigueur des lois. »

Fait à Turin, le 5 mai 1814.

Le 9 mai, l'armée d'Italie se mit en marche par divisions pour passer les Alpes par quatre points, savoir : le col de Tende et le comté de Nice ; le val di Stura et le col de la Magdelaine ; la route de Fenestrelles et le mont Genèvre ; le mont Cénis. Le parc d'artillerie passa par cette dernière route et se rendit à Valence. La division Marcognet passa par le val di Stura, et son artillerie avec les équipages, par Fenestrelles.

Au mois de juin, l'armée d'Italie, bien commandée et bien administrée, rentrée en France, occupa les lieux suivans :

Division Rouyer. Aix, quartier-général, Toulon, Brignolles et St.-Maximin.

Division Marcognet. Digne, quartier-général, Marseille et Sisteron.

Division Quesnel. Valence, quartier-général, et Montelimart.

Division Fressinet. Embrun, quartier-général, Gap, Briançon, Mont-Dauphin.

Cavalerie. Carpentras, quartier-général,
Avignon, Arles, Tarascon et Cavaillon.

Le 20 juin, l'armée d'Italie fut dissoute
après avoir fait avec gloire ces deux dernières
campagnes, sous un chef qui avait toute sa
confiance, et pour lequel elle était pénétrée
de la plus profonde estime.

Paris, le 1er janvier 1816.

PIÈCES JUSTIFICATIVES.

N.° I.

RAPPORT de M. de Charnage, Intendant de la Carinthie, du 29 août 1813, au Prince Vice-Roi d'Italie.

MONSEIGNEUR.

Le soir du 20 août, les Autrichiens parurent devant Villach ; le 21 , ils s'établirent dans le faubourg situé à la rive gauche de la Drave ; le colonel Duché, du 35.ᵉ régiment d'infanterie légère Française, avait fait rompre le pont , à l'entrée duquel le général Autrichien Frémont se présenta en personne , et il intima au colonel d'évacuer la ville, et de prendre position ailleurs, menaçant d'incendier Villach, s'il persistait à s'y maintenir. Cet officier ayant refusé de l'écouter , le général ennemi fit tirer sur la ville avec deux pièces de canon et un obusier. Le feu commença à neuf heures et demie du soir , et finit le lendemain à quatre heures du matin. Quelques tirailleurs dispersés sur la rive gauche de la rivière, firent feu pendant le reste de la journée sur nos patrouilles.

Le 23 , à deux heures après midi, le colonel Duché me donna avis qu'il avait ordre d'abandonner immédiatement la ville et d'aller prendre position au pont de Féderaun , sur le Gail , à une lieue et demie de Villach.

Voyant que ma présence devenait inutile dans un
lieu qui d'un moment à l'autre allait être occupé par
l'ennemi, et ne croyant pas de mon devoir de concourir
aux mesures que les autorités locales jugeraient nécessaires de prendre pour le recevoir, je résolus de suivre
le mouvement du régiment, et j'en prévins les employés
Français qui étaient encore dans la ville ; les autorités
municipales l'attendaient sur le pont : M. Nicolle, se-
crétaire général de l'intendance, était à leur tête. Le
général fût immédiatement suivi d'un escadron de hussards de Stipchich et de deux compagnies de Croates.
A huit heures, on vit arriver un autre corps de la même
nation ; le 24 à cinq heures du matin, le colonel Duché
rentra dans la ville et s'y maintint jusqu'au soir. Au
moment de la retraite de cet officier, sept soldats du
regiment de Hohenloë-Bartenstein, qui étaient restés
cachés dans Villach, coururent au pont, et plaçant
leurs mouchoirs au bout de leurs bayonnettes, ils appe-
lèrent leurs camarades qui rentrèrent dans l'instant ; les
généraux Fenner et Wlasich étaient à leur tête. Un
major fut chargé de faire barricader la ville. Le régiment Duka, Hongrois, composé de 1800 hommes,
remplaça les Croates.

La journée du 27 fut tranquille. Dans celle du 28,
quelques soldats furent blessés et un officier tué.

Le 29, le régiment Duka, se mit en ordre de bataille sur la place, s'appuyant à la porte qui conduit
au pont. A neuf heures et demie, il fit sa retraite, et les
batteries Autrichiennes du faubourg lancèrent quelques
bombes. Le feu prit d'abord à la porte du Nord-Ouest,
et en un instant l'incendie se manifesta en cinq ou six
endroits différens. A six heures du matin, les trois quarts

de la ville étaient consumés, malgré les secours portés par les militaires et les employés Français.

Les généraux Hiller, Frémont, Fenner et Monshal se montrèrent à Villach; les régimens ennemis qui occupèrent la ville étaient ceux de Duka, Jellachick et Hohenloë-Bartenstein. Les officiers dirent aux habitans que leurs ordres étaient de se maintenir à Villach jusqu'à ce qu'on eut appris le résultat du mouvement exécuté par l'armée de Bohéme.

N.º II.

De Livourne, le 14 mars 1814.

PROCLAMATION DE LORD BENTINCK.

ITALIENS,

L'Angleterre a débarqué ses troupes sur vos côtes; elle vient vous délivrer du joug de fer de Bonaparte; le Portugal, l'Espagne, la Sicile, la Hollande sont les preuves des principes généreux et désintéressés qui animent cette puissance.

L'Espagne, par sa résolution, par sa valeur et par les efforts de son puissant allié, a réussi dans sa sublime entreprise : elle a chassé les Français. Son indépendance est assurée et sa liberté civile établie.

La Sicile, protégée par la même puissance, s'est sauvée du déluge universel. Elle n'a pas souffert : par un effet du caractère bienveillant de son Prince, elle a passé de l'esclavage à la liberté. Elle se hâte de rétablir sa splendeur parmi les nations indépendantes.

La Hollande s'avance au même but.

L'Italie seule restera-t-elle sous le joug! Les Italiens combatteront-ils contre des Italiens en faveur d'un tyran, pour l'esclavage de leur patrie! Italiens, n'hésitez plus, soyez Italiens! et toi, armée d'Italie, la cause de ton pays est entre tes mains! Guerriers de l'Italie, nous n'exigeons pas que vous vous réunissiez à nous, nous demandons seulement que vous fassiez valoir vos droits et que vous soyez libres.

Appelez-nous, nous accourrons vous joindre; alors nos efforts réunis feront que l'Italie redevienne ce qu'elle fut dans des temps plus heureux et ce qu'est maintenant l'Espagne.

ERRATA.

Page 3, ligne 8. Un nombre, *lisez* plusieurs.

Page 8, ligne 12. Put, *lisez* pussent.

Page 11, *Ajoutez* il fut ensuite recréé sous une autre dénomination, sous de nouvelles formes et sous un autre souverain.

Page 18, ligne 11. *Ajoutez* Cte.

Page 59, ligne 1. *Supprimez* le même jour.

Page 95, ligne 3. *Au lieu de* Cuchiara, *lisez* Carchiara.

Page 103, avant dernière ligne, *après ces mots,* avec condition, *ajoutez* aux troupes de la garnison.

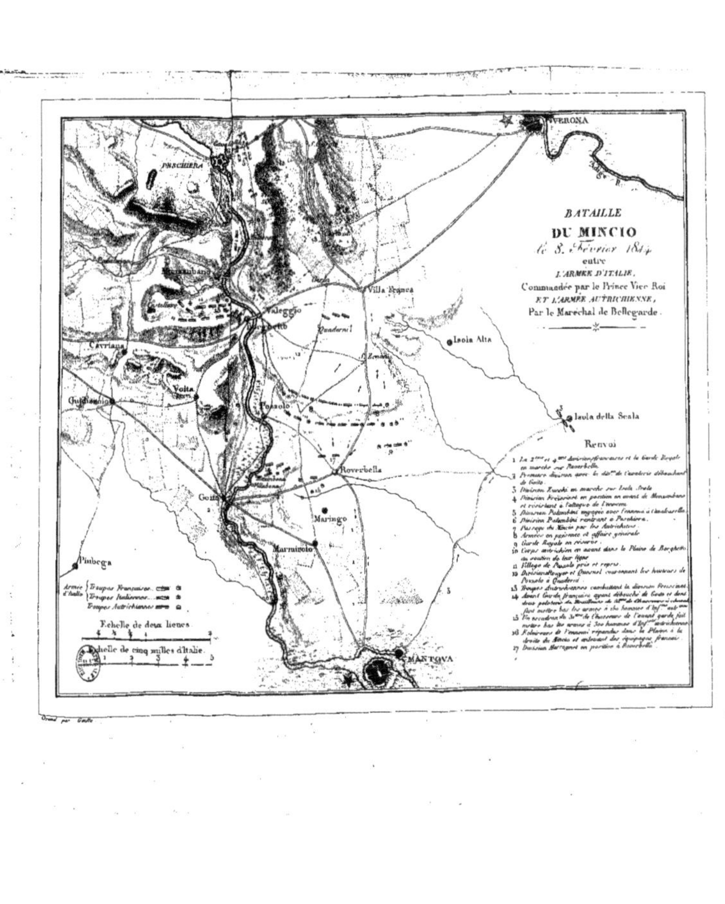

VERONA
PESCHIERA
Villa Franca
Isola Alta
Valeggio
Quaderni
Cavriana
Zenati
Volta
Isola della Scala
Guidizzolo
Pozzolo
Roverbella
Goito
Maringo
Marmirolo
Pinbega
MANTOVA

BATAILLE
DU MINCIO
le 8. Février 1814
entre
L'ARMÉE D'ITALIE,
Commandée par le Prince Vice-Roi
ET L'ARMÉE AUTRICHIENNE,
Par le Maréchal de Bellegarde.

Renvoi
1 La 2.me et 4.me divisions françaises et la Garde Royale en marche sur Roverbella.
2 Première division avec le 31.me de cavalerie débouchant de Goito.
3 Division Zucchi en marche sur Isola Scala.
4 Division Fréjacourt en position en avant de Monzambano et résistant à l'attaque de l'ennemi.
5 Division Palombini engagée avec l'ennemi à Cavalcaselle.
6 Division Palombini rentrant à Porchiera.
7 Passage du Mincio par les Autrichiens.
8 Armée en position et affaire générale.
9 Garde Royale en réserve.
10 Corps autrichien en avant dans la Plaine de Barghetto au soutien de leur ligne.
11 Village de Pozzolo pris et repris.
12 Division Rouyer et Quesnel couronnant les hauteurs de Pozzolo à Quaderni.
13 Troupes Autrichiennes combattant la division Frésicous.
14 Avant Garde française ayant débouché de Goito et dans deux pelotons de Bataillons de 31.me de Chasseurs à cheval fait mettre bas les armes à 2 bataillons et bat.me aut.me
15 Un escadron du 31.me le Chasseurs de l'avant garde fait mettre bas les armes à 500 hommes d'inf.me autrichienne.
16 Éclaireurs de l'ennemi répandus dans la Plaine à la droite du Mincio et enlevant des équipages français.
17 Division Marcognet en position à Roverbella.

Armée {Troupes Françaises
d'Italie {Troupes Italiennes
        {Troupes Autrichiennes

Echelle de deux lieues
Echelle de cinq milles d'Italie

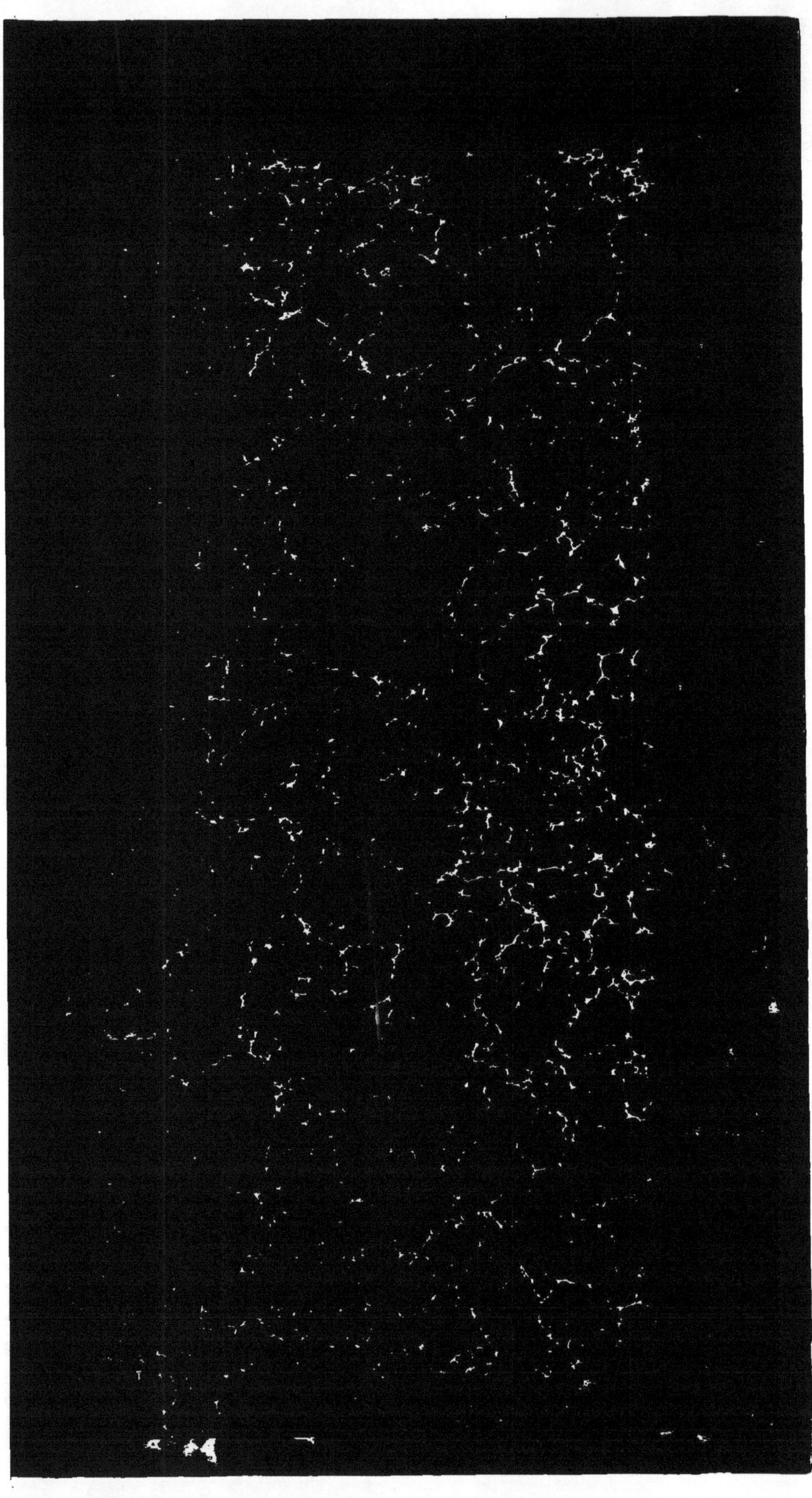